बंग महिला

# बंग महिला
## नारी-मुक्ति का संघर्ष

डॉ. भवदेव पाण्डेय

वाणी प्रकाशन

सजिल्द पहला संस्करण : 1999
सजिल्द दूसरा संस्करण : 2008
सजिल्द तीसरा संस्करण : 2014
सजिल्द चौथा संस्करण : 2023

**वाणी प्रकाशन**
*4695, 21-ए, दरियागंज, नयी दिल्ली 110 002*
फ़ोन : +91 11 23273167 फ़ैक्स : +91 11 23275710
**शाखाएँ**
*अशोक राजपथ, पटना 800 004, बिहार*
*कॉफ़ी हाउस कैम्पस, महात्मा गांधी मार्ग, इलाहाबाद 211 001, उत्तर प्रदेश*
*महात्मा गांधी अन्तरराष्ट्रीय हिन्दी विश्वविद्यालय, वर्धा 442 001, महाराष्ट्र*
*36/ए, शेक्सपीयर सरणी, रानी बिरला गर्ल्स कॉलेज के पास, कोलकाता 700 017, प. बंगाल*
www.vaniprakashan.com
marketing@vaniprakashan.in
sales@vaniprakashan.in

Bangmahila
*by* Dr. Bhavdev Pandey

ISBN : 978-81-7055-682-4
Feminism



मूल्य : ₹ 295



*आर. टेक ऑफ़सेट प्रिंटर्स, दिल्ली-110 032 में मुद्रित*

*वाणी प्रकाशन का लोगो मक़बूल फ़िदा हुसेन की कूची से*

पूज्य पिता स्व. त्रिविक्रम पण्डित को सादर
जो विविध शास्त्रवेत्ता, बहुभाषाविद्
और
स्वतंत्रता-संग्राम के प्रखर सेनापति थे

# अनुक्रम

# बंग महिला : जीवन के दस्तावेज

बंग महिला राजेन्द्र बाला घोष का लेखकीय नाम था। उनकी सभी हिन्दी कहानियाँ इसी उपनाम से प्रकाशित होती रहीं। लेकिन, बँगला-कविताओं की रचना में उन्होंने 'कोनो प्रवासिनी बंग महिला' पद का प्रयोग किया, जबकि उनके लेख, निबन्ध और अनुवाद भिन्न-भिन्न नामों से प्रकाशित होते रहे। इन रचनाओं में उन्होंने 'एक बंग महिला', 'श्री बंग महिला', 'श्रीमती बंग महिला' और 'कोनो बंग महिला' जैसे पेन नेम को वरीयता दी। उनकी मृत्यु के चार दशक से अधिक समय बीत जाने के बाद, अब यह कहना सहज नहीं रह गया है कि आखिर राजेन्द्र बाला घोष ने अपने लेखन को इतने अधिक छद्म नामों में क्यों विभाजित किया।

अज्ञात नहीं है कि बीसवीं शताब्दी के आरम्भिक दो दशकों में अनेक लेखकों ने छद्म नामों का प्रयोग किया। ख़ासतौर से वे लेखक जो किसी कृति अथवा कृतिकार की कटु आलोचनाएँ करते रहे अथवा किसी पत्रिका का सम्पादन करते हुए अपनी पत्रिका में अपनी ही कई-कई रचनाएँ देते रहे। बालमुकुन्द गुप्त, माधव प्रसाद मिश्र, महावीर प्रसाद द्विवेदी, गिरिजा कुमार घोष जैसे तद्‌युगीन प्रसिद्ध रचनाकारों ने भी छद्म नामीय कला का भरपूर प्रयोग किया। लेकिन उस युग में केवल दो ही लेखक ऐसे रहे जिन्होंने अपनी साहित्यिक महत्त्व की रचनाएँ भी छद्म नाम से ही कीं। ये थे गिरिजा कुमार घोष और राजेन्द्र बाला घोष। गिरिजा कुमार घोष 'इंडियन प्रेस, प्रयाग' के मैनेजर थे जहाँ से 'सरस्वती' पत्रिका प्रकाशित होती थी। इनकी अधिकांश कहानियाँ 'सरस्वती' में ही छपती रहीं, इसलिए उन्होंने 'गिरिजाकुमार' के समानार्थी 'पार्वती नन्दन' नाम का प्रयोग किया। प्रकाशन की दृष्टि से राजेन्द्र बाला घोष (बंग महिला) की रचनाएँ किसी एक पत्रिका तक सीमित नहीं थीं। वे 'आनन्द कादम्बिनी', 'भारतेन्दु', 'सरस्वती', 'समालोचक', 'बाल प्रभाकर', 'लक्ष्मी', 'स्वदेश बान्धव', 'स्त्री' आदि ख्यातिलब्ध पत्रिकाओं में निरन्तर लिखती रहीं। तद्‌युगीन अन्य लेखकों की अपेक्षा उनमें विधागत वैविध्य भी अधिक रहा। उन्होंने

कविताएँ, कहानियाँ, ललित निबन्ध और तद्‌युगीन नारी-समस्याओं तथा राष्ट्रीय जागरण को आधार बनाकर अनेक लेख लिखे, परन्तु अपनी किसी भी रचना में अपने मूल नाम का प्रयोग नहीं किया। पिता द्वारा प्रदत्त अपनी नामित संज्ञा को बंग-भूमि के लिए समर्पित कर देने का यह बेजोड़ नमूना था। यह लेखकीय इतिहास में किसी सर्जनात्मक प्रतिभा का अनोखा समाजीकरण रहा।

बंग महिला के पूर्वज चन्दन नगर के पास खोलसिनी गाँव के मूल निवासी थे। उस समय चन्दन नगर फ्रांस के अधिकार में था। इसलिए बंग महिला के पितामह राम राम घोष पर फ्रेंच-संस्कृति का प्रभाव पड़ा था क्योंकि वे अपने दो बड़े भाइयों के साथ अपने गाँव के पास स्थित चिनसुरा (चिड़कुड़ा) नामक एक बड़े कस्बे में रहा करते थे। हालाँकि इन लोगों की मातृभाषा पूर्वी बँगला थी परन्तु ये तीनों भाई फ्रेंच और अंग्रेजी के भी अच्छे विद्वान् थे। राम राम घोष के दोनों बड़े भाई ईस्ट इंडिया कम्पनी में नौकरी करते रहे। सन् 1793 के इस्तमरारी बन्दोबस्त के दो वर्ष बाद जब सन् 1795 में लार्ड कार्नवालिस ने बनारस के इलाके में भी यही बन्दोबस्त लागू किया तब बंग महिला के पितामह राम राम घोष के दोनों बड़े भाई, जो ईस्ट इंडिया कम्पनी में नौकरी करते थे, मीरजापुर भेज दिए गए। अपने दोनों बड़े भाइयों के साथ राम राम घोष भी यहीं आ गए और यहाँ की अदालत में वकालत करने लगे।

ऐतिहासिक साक्ष्य बतलाते हैं कि सन् 1794 में बनारस के राजा महीप नारायण सिंह ने ईस्ट इंडिया कम्पनी के समक्ष आत्मसमर्पण कर दिया था और मीरजापुर का प्रबन्ध भी अंग्रेजों के हाथ में आ गया था। उस समय यहाँ के पठारी इलाके में जमीन का अधिक महत्त्व नहीं था। इसका फायदा उठाकर बंग महिला के पितामहों ने शहर के निकटस्थ दक्षिणी अंचल में पड़रा-हनुमान, करियाडीह, उमरिया लाला, उमरिया पांडे, पचोखरा, भरपुरा और लोकापुरा गाँवों में बहुत सी जमीन अपने तीनों भाइयों के नाम लिखा ली।

बंग महिला के पितामह राम राम घोष मीरजापुर नगर के बरियाघाट मुहल्ले में भाड़ेदार के रूप में रहकर जमींदारी और वकालत दोनों दायित्वों का निर्वाह कर रहे थे। इनके दोनों बड़े भाई निःसन्तान ही दिवंगत हो गए थे, परन्तु राम राम घोष कुछ अधिक उम्र में एक पुत्री और एक पुत्र के पिता बने। उन्होंने अपने पुत्र का नाम रखा राम प्रसन्न घोष जिनकी प्रथम सन्तान थीं बंग महिला यानी राजेन्द्र बाला घोष।

बंग महिला का जन्म सन् 1882 में हुआ था। मीरजापुर नगर के बरियाघाट स्थित वह मकान, जिसमें नीरदवासिनी घोष ने बंग महिला को जन्म दिया था, पं. केदारनाथ पाठक का था। गंगा के निकट होने के कारण उस मकान के इर्द-गिर्द मन्दिरों की बहुलता थी। मकान के सामने ही नेपाल नरेश द्वारा निर्मित पंचमुखी

महादेव का मन्दिर था, जो अपनी स्थापत्य-कला के कारण पूरे नगर में प्रसिद्ध था। वहाँ के सांस्कृतिक परिवेश, पूजा-पाठ, धार्मिक अनुष्ठान तथा पारम्परिक संस्कार शहरी आधुनिकताओं से काफी दूर थे। इसी परिवेश में भिखमंगों और गरीबी की दुनिया भी बसी थी। छद्म आचरणों का बाजार भी गर्म था। गंगा का घाट होने के कारण बरियाघाट की उस छोटी सड़क पर अशिक्षित और रूढ़िवादी स्त्रियों की भीड़ भी लगी रहती। यह था बंग महिला का बाहरी परिवेश। आगे चलकर इस परिवेश का उनके लेखन पर भरपूर प्रभाव पड़ा। उनके जीवन के प्रारम्भिक सत्रह वर्ष इसी परिवेश के साक्षी रहे ! इसी सड़क ने उनके लेखकीय व्यक्तित्व को चिन्तन की बहुमुखी दिशाएँ दीं।

राम राम घोष के परिवार में 'रा' वर्ण से नामकरण करने की प्राचीन परम्परा थी। इसी नैष्ठिक परम्परा के अनुसार बंग महिला का नाम 'राजेन्द्र बाला घोष' रखा गया। इनके परिवार का विश्वास था कि मातृका के अनुसार 'रा' वर्ण उन लोगों के लिए शुभ फल देने वाला था। 'रा लक्ष्मी राः समृद्धि स्यात्' और 'अग्नी रेफश्च वह्निश्च हुतभुक् हव्यवाहनः। रकारस्यं मयाख्यातं श्यामा तंत्रे सुरेश्वरि' जैसे मातृका-वचनों में उनके परिवार की अटूट निष्ठा थी। राजेन्द्र बाला के जन्म के बाद राम प्रसन्न घोष को चार पुत्र-रत्नों की प्राप्ति हुई थी, जिनके नाम रामेन्द्र कृष्ण घोष, राम यादव घोष, राम गोपाल घोष और राम केशव घोष थे। राजेन्द्र बाला उस परिवार में अकेली कन्या थीं। संयोग ही था कि इनके पैदा होने के बाद नीरदवासिनी की कोख से चार पुत्र जन्मे, इसलिए घोष-परिवार में राजेन्द्र बाला को बहुत अधिक लाड़-प्यार मिलने लगा। माता के ही नाक-नक्श वाली बंग महिला स्वस्थ और गेहुआँ रंग वाली थीं। अकेली पुत्री होने के कारण माता नीरदवासिनी घोष इनमें और ये माता में रम गई थीं। एक लेखिका के रूप में इन्होंने माता के प्रति अपनी आसक्ति का उल्लेख अनेक बार किया। 'गृह' लेख में इन्होंने लिखा—'जिस गृह में दयावती, करुणामयी जननी देवी नहीं, वह गृह होने पर भी अरण्य समान ही है।' (आनन्द कादम्बिनी, सन् 1904, माला 5 मेघ; 5, 6 और 7, पृ. 75)

बंग महिला का बचपन अभिजात बंगाली परिवार की सांस्कृतिक परम्परा में विकसित हुआ जिसमें कठोर रूढ़ियों का बाहुल्य था। हमउम्र बालक-बालिकाओं से मिलने की कठोर मनाही थी। वे घर से खुली सड़क पर इसलिए नहीं निकलने पाती थीं क्योंकि उस पर गंगा-स्नान के लिए जाते हुए ज्यादातर लोग गमछा लपेटे नंगे बदन हुआ करते। वे निरा बचपन में भी खेलने-कूदने के उन्मुक्त क्षणों का आनन्द नहीं उठा पाती थीं। इनके पिता राम प्रसन्न घोष कुलीनतासूचक वस्त्रों और आभूषणों के बहुत शौकीन थे। वे प्रायः अपनी पुत्री को रंगीन साटन का कढ़ाईदार और गाउन की तरह बनवाया गया लहँगा और कीमती रेशमी का जम्फर पहनवाते थे। लेकिन

ये कपड़े बंग महिला के बचपन के साथी कभी न हो पाए।

स्कूली शिक्षा प्राप्त करने में भी बंग महिला को रूढ़ियों और अन्धविश्वासों का शिकार होना पड़ा। हालाँकि उनके पिता एक अत्यन्त जागरूक वार्तमानिक थे परन्तु पुत्री की शिक्षा के प्रति उनकी युग-चेतना प्रतिफलित नहीं हुई। परिणाम यह हुआ कि घर पर ही उन्होंने पुत्री को संस्कृत, बँगला और अंग्रेजी भाषा की शिक्षा दी। माता ने सिलाई की और केदारनाथ पाठक ने हिन्दी की शिक्षा दी। अपनी जीवनी के सन्दर्भ में बंग महिला ने लिखा, 'एक तो हिन्दी मेरी मातृभाषा नहीं, दूसरे मेरी शिक्षा भी घर की है, मुझे जो कुछ शिक्षा मिली, वह मेरी पूजनीया जननी देवी और परम पूज्य पिता द्वारा ही।' (भारतेन्दु स्मारक ग्रन्थ मालिका सं. 1 कुसुम संग्रह, सम्पादक पं. रामचन्द्र शुक्ल, सन् 1910—भूमिका भाग)

बंग महिला ने 19वीं शताब्दी के आखिरी दशकों में नारी-शिक्षा के प्रति व्याप्त रूढ़ जकड़बन्दी का वर्णन बड़े विस्तार के साथ किया है। स्त्रियों की शिक्षा के सम्बन्ध में उनका मत बहुत ही प्रगतिशील था। उस समय का पुरुष वर्ग नारी-शिक्षा को लेकर छद्म मर्यादा की खाल ओढ़े था और नारियों को लज्जा और चरित्र-सुरक्षा के नाम पर शिक्षा के रास्ते पर पैर नहीं उठाने देता था। बंग महिला भी इसी सामाजिक प्रतिगामिता का शिकार हुई थीं। इसलिए आगे चलकर उन्होंने पुरुषवर्ग की ओछी धारणाओं को ललकारते हुए अशिक्षा और जड़ता से आक्रान्त नारियों को जगाने की पुरजोर कोशिशें कीं। उन्होंने बड़े विश्वास के साथ लिखा, 'शिक्षित हो जाने से लज्जाहीन हो जाने का कोई कारण नहीं है।' इस बात को उन्होंने तमाम पौराणिक आख्यानों और शास्त्रीय सन्दर्भों से सिद्ध किया। आचार्य रामचन्द्र शुक्ल ने उनके इस कथन पर टिप्पणी की, 'जो शिक्षा स्त्रियों को मेम वा निर्लज्ज बना दे, वह शिक्षा नहीं वरन् कुशिक्षा है। स्त्री-शिक्षा का मुख्य उद्देश्य है, नम्र, सहिष्णु और शान्त बनाना, गृह-कार्यों में दक्ष करना। साथ ही उचित-अनुचित का ज्ञान पैदा करना। जो शिक्षा निर्लज्ज बनाती है उसके हम विरोधी हैं।' (कुसुम संग्रह, भूमिका)

आचार्य शुक्ल की इस टिप्पणी से साफ लग रहा है कि नारी-शिक्षा के प्रति उनकी अवधारणा रूढ़िवादी और पारम्परिक थी। उस समय तक वे रूढ़ और विगत मान्यताओं से मुक्त न हो सके थे। नारियों की शिक्षा के सम्बन्ध में उनकी पक्षधरता सीमित थी जो उनको प्रगतिशील नहीं साबित कर सकती। उनकी यह टिप्पणी तो नारी-शिक्षा दबी जबान में दबा विरोध जैसी हो गई है। लेकिन बंग महिला के इस लेख का एक बहुत बड़े पुरुष-वर्ग ने स्वागत भी किया। काशी नागरी-प्रचारिणी सभा ने इस लेख को 'बनिता-विनोद' नामक पुस्तक में संकलित किया और इसकी स्वीकृति के लिए अनुकूल ज़मीन बनाई। इस लेख की मीरजापुर बंगाली समाज में कुछ तीखी

प्रतिक्रियाएँ हुई थीं परन्तु बंग महिला ने उन पर जरा भी ध्यान नहीं दिया। उस समय के बंगाली समाज पर यह लिखकर उन्होंने आक्रमण किया कि 'बंगाल में यह अन्धविश्वास फैला है कि शिक्षा लेने से लड़कियाँ विधवा हो जाती हैं। उनकी शिक्षा के कारण ही पतियों की आयु क्षीण हो जाती है, जैसी बातें निरा पिछड़ापन है।' बंगाल में फैली इस अन्धरूढ़ि के विरुद्ध उन्होंने तमाम-तमाम शास्त्रीय तर्क प्रस्तुत किए। यहाँ तक आचार्य रामचन्द्र शुक्ल ने भी उनके तर्कों का जमकर समर्थन किया। आचार्य शुक्ल ने अपनी टिप्पणी देते हुए लिखा, 'हमारे देशवासी भी कैसे अन्धविश्वासी हैं। कई पढ़ी-लिखी स्त्रियाँ किसी समय विधवा हो गई होंगी। बस यह अन्धविश्वास चल पड़ा होगा।' हेमाद्रि दान-खण्ड में साफ लिखा है—कन्या को पढ़ा-लिखाकर दान करना चाहिए। इसका बड़ा फल होता है। यदि यह बात सच होती कि पढ़ने-लिखने से स्त्रियाँ विधवा हो जाती हैं तो ऋषि-जन ऐसी बात क्यों लिखते ? (कुसुम संग्रह, पाद टिप्पणी, पृ. 194) आचार्य शुक्ल की दोनों पाद-टिप्पणियों में इतना अन्तर्विरोध क्यों है इस पर विचार करना यहाँ प्रासंगिक न होगा।

स्त्रियों की शिक्षा के प्रति तत्कालीन समाज में विरोध का इतना दबाव था कि बंग महिला भी लड़कियों की उच्चशिक्षा का समर्थन नहीं कर पाई थीं। स्त्री-शिक्षा के लिए एक रास्ता निकालते हुए उन्होंने लिखा—'यदि लड़कियों को और कुछ नहीं तो थोड़ी-सी मातृभाषा की शिक्षा मिल जाया करे तो एक पत्र लिखने के लिए उनको दूसरों का मुँह न ताकना पड़े।' (कु. सं., स्त्रियों की शिक्षा)। उन्होंने स्त्रियों की शिक्षा-व्यवस्था पर व्यापक रूप से प्रकाश डाला। घर का बजट बनाना, घर के छोटे बच्चों को सुसंस्कृत करना और 'लड़कियाँ शिक्षा प्राप्त करके, अच्छे-अच्छे गल्पों को पढ़कर अपना जी बहलाने के साथ ही मानसिक उन्नति कर सकती हैं, जैसी उपयोगिताओं की व्याख्या करके उन्होंने तद्‌युगीन लड़कियों के मर्म को छू लिया था। संस्कार और भविष्य के सन्दर्भ में उन्होंने लिखा 'सुमाता होने से सुपुत्र होते हैं। बालक की प्रथम शिक्षा माता द्वारा ही होती है।' 'अशिक्षित माता को अपने लड़कों के सामने झेंपना पड़ता है,' इस बात की पुष्टि के लिए उन्होंने बँगला-मासिक पत्रिका 'अन्तःपुर' से एक बंग महिला का विस्तृत आत्मकथ्य उद्‌धृत किया और नारी शिक्षा को युगीन नवजागरण के अनुकूल बताया।

बालिकाओं की शिक्षा के प्रति ब्रिटिश सरकार की उदासीनता पर उन्होंने तीखा आक्रोश व्यक्त किया था। उनका कहना था, 'ब्रिटिश गवर्नमेण्ट की कृपा से हिन्दू-बालकों की शिक्षा के अनेक उपाय हैं किन्तु हिन्दू-बालिकाओं के लिए उचित शिक्षा का कोई प्रबन्ध नहीं है।' (वही) बंग महिला को तत्कालीन मिशनरियों द्वारा दी जाने वाली शिक्षा के प्रति एतराज था क्योंकि उनके द्वारा स्थापित शिक्षा-व्यवस्था का उद्देश्य मात्र ईसाई धर्म के प्रति अभिरुचि उपजाना था। उस समय तक मीरजापुर नगर में 'लण्डन मिशनरी सोसाइटी' ने लड़कियों की शिक्षा के लिए स्कूलों की स्थापना

कर दी थी। सन् 1837 में ही डॉ. मैथर ने मिशनरी सोसाइटी बना दी थी जिसने शहर में लड़कियों के लिए सेकेण्डरी स्कूल चलवाया। लड़कों के लिए लण्डन मिशन स्कूल की स्थापना तो सन् 1844 ई. में ही हो गई थी। सन् 1829 से ही मिशनरियों के प्राइमरी स्कूल चल रहे थे परन्तु इन सभी स्कूलों में ईसाई धर्म-प्रचार का ही जोर था। इसीलिए उस समय का हिन्दू-समाज अपने बच्चों को मिशनरी स्कूलों में शिक्षा दिलाने का विरोधी था। लेकिन सरकारी शिक्षा-नीति के कारण ज्यादातर लोगों को ईसू मसीह की प्रार्थना रटाने वाले स्कूलों में ही अपने संरक्ष्यों को भेजना पड़ता था। लोगों की इस विवशता का लाभ ईसाई मिशनरियाँ भरपूर उठाती थीं। बंग महिला ने स्कूलों के माध्यम से धर्म-प्रचार की नीति का साहसपूर्वक विरोध किया। उन्होंने लिखा—'यद्यपि मिशनरियों ने प्रायः सभी स्थानों में बालिका-विद्यालय खोल रखे हैं। परन्तु वहाँ तो ईसू मसीह के भजन पढ़ाने की चाह अधिक रहती है। कहना न होगा कि इससे हमारे देश को लाभ की अपेक्षा हानि अधिक होती है। यदि बालिकाएँ अपनी जननी के पास शिक्षा पाएँ तो उन्हें ईसू मसीह के भजन न रटने पड़ें।'

बंग महिला ने पति-पत्नी के सम्बन्धों में शिक्षा की भूमिका पर भी विचार व्यक्त किया। उन्होंने कुछ उत्तेजक सवाल उठाते हुए लिखा—'एक बी. ए. की पत्नी का निरक्षर होना सचमुच बड़े क्षोभ, दुःख और लज्जा की बात है। पर इस दोष के कुछ-कुछ हिस्सेदार बी. ए. पति महाशय भी हैं। अथवा यों कहिए कि यह पति-पत्नी दोनों के दुर्भाग्य हैं। पति महाशय उच्च शिक्षित होने पर भी यदि अपनी सचिव, सखी, शिष्या, सहधर्मिणी की ज्ञानोन्नति न कर सके तो देशोन्नति की उनसे क्या आशा की जाए ?'

नारी-शिक्षा और स्वतन्त्रता को लेकर लिखे गए बंग महिला के लेख समकालीन पत्र-पत्रिकओं में प्रकाशित होते रहे। पुस्तक के रूप में इन लेखों का संकलन प्रथम बार सन् 1910 में हुआ था। स्त्रियों की शिक्षा पर लिखे बंग महिला के लेखों तथा उन पर की गई आचार्य रामचन्द्र शुक्ल की टिप्पणियों की लेखकीय-जगत् में काफी प्रतिक्रिया हुई थी। उस युग की महिला लेखिकाओं पर इसका प्रभाव पड़ना अस्वाभाविक न था। बंग महिला की समकालीन लेखिकाओं ने समर्थन और विरोध में अनेक लेख लिखे। 'सरस्वती' में एक महत्त्वपूर्ण लेख छपा 'स्त्रियों की स्वतन्त्रता' लेखिका थीं 'सावित्री देवी' (जून 1910, पृ. 279)। उन्होंने आचार्य शुक्ल की इस टिप्पणी 'जो शिक्षा स्त्रियों को मेम तथा निर्लज्ज बना दे वह शिक्षा नहीं वरन् कुशिक्षा है' का समर्थन करते हुए लिखा—'आजकल भारतवर्ष में हमारी बहनें भी स्वतन्त्र होने की इच्छा कर रही हैं। कोई-कोई बहनें मेम होने का अनुकरण करने के लिए स्वतन्त्रता चाहती हैं।' सावित्री देवी ने 'सभ्य-समाज कहलाने वालों की लेडियों' की निर्लज्जता पर भी प्रश्न-चिह्न लगाया। कुल मिलाकर उन्होंने आचार्य शुक्ल की पाद-टिप्पणी का ही समर्थन किया।

आचार्य रामचन्द्र शुक्ल ने अथवा तद्‌युगीन लेखिका सावित्री देवी ने 'मेम' शब्द को हेय साबित करने की कोशिश की थी, किन्तु बंग महिला भारतीय नारियों के उदात्त व्यक्तित्व का पक्षधर होते हुए भी यूरोप और अमेरिका की महिलाओं के प्रति हमेशा विनम्र बनी रहीं। वे नारी को नारी-गौरव की दृष्टि से देखती रहीं। इस अर्थ में उन्हें भौगोलिक बँटवारा पसन्द नहीं था। जहाँ बंग महिला ने भारतवर्ष की पुराण-युगीन नारियों की प्रशंसा की, वहाँ आचार्य शुक्ल ने उनका जोरदार समर्थन किया। सावित्री देवी ने भी लिखा—'हम लोगों को वैसी ही स्वतन्त्रता मिलनी चाहिए जैसी कि प्रताप के समय में क्षत्राणियों को तथा पूर्व समय में ऋषि-पत्नियों तथा राजपुत्रियों या राजकुमारियों को मिलती थी, जो कि अपना कर्तव्य-पालन भली-भाँति करती थीं।' (वही, पृ. 279) सावित्री देवी ने अपने युग की नारियों को आदर्शात्मक उपदेश देते हुए लिखा, 'याद रहे जब इसी प्रकार की स्वतन्त्रता और ऐसी ही शिक्षा हमारी ललनाओं को मिलेगी तभी कुछ बातों का सुधार होगा।' (वही, पृ. 200)

कहने की आवश्यकता नहीं कि आचार्य शुक्ल तथा सावित्री देवी नारी-शिक्षा के प्रति यथार्थवादी होने की अपेक्षा आदर्शवादी बने रहे, किन्तु बंग महिला ने नारी स्वातन्त्र्य को लेकर युग को अतिक्रान्त करने वाली विचारधारा की प्रस्तुति की थी। यह उनका अति साहसिक और अति मौलिक लेखन था। वे भारतीय नारी के भविष्य का आकलन कर रही थीं जबकि अन्य लेखिकाएँ अतीत के बन्धनों और पौराणिक आख्यानों से मुक्त नहीं हो पा रही थीं।

देखा जा सकता है कि बंग महिला में 'नए भावों' और सावित्री देवी में 'पुराने भावों' का द्वन्द्व चल रहा था। इस सन्दर्भ में आचार्य शुक्ल प्राचीनतावादियों का समर्थन कर रहे थे। आचार्य शुक्ल और सावित्री देवी की विचाराभिव्यक्ति के पाँच महीने बाद डॉ. काशी प्रसाद जायसवाल का एक लेख 'योरप के और हमारे विचार' (सरस्वती भाग 11, सं. 11, पृ. 483) प्रकाशित हुआ जिसमें उन्होंने योरपवासियों की भविष्य दृष्टि को युगानुरूप बतलाते हुए भारतीयों की अतीत जीविता को अनुपयोगी सिद्ध किया। उन्होंने लिखा, 'योरप आगे को देखता है।...हम यहाँ पीछे को देखते हैं।...यहाँ पुरानी बातों का मान है। पश्चिम की दुनिया में नए का मान है।'

अज्ञात नहीं है कि आचार्य रामचन्द्र शुक्ल और डॉ. काशी प्रसाद जायसवाल दोनों मीरजापुर के थे और दोनों में रचनात्मक विचारधारा का द्वन्द्व हमेशा चलता रहा। बंग महिला आचार्य शुक्ल के साथ रहती हुईं भी विचारधारा की दृष्टि से डॉ. काशी प्रसाद जायसवाल के साथ थीं।

बंग महिला ने पुरुष-शिक्षा की हीन-दशा पर भी सवाल खड़े किए 'पर क्या अन्य सभ्य देशों के सर्वसाधारण पुरुषों की भाँति भारत के सर्वसाधारण पुरुष शिक्षित हैं ?...हमारे देश के झोंपड़े में रहने वाले पुरुष ही जब निरक्षर भट्टाचार्य हैं तब बेचारी स्त्रियों की कौन गिनती ?'' अपने इस कथन द्वारा बंग महिला ने कई निशानों

पर एक साथ प्रहार किया–उन पुरुषों पर जिन्होंने अपनी अशिक्षा के कारण बंग महिला को स्कूल में नहीं जाने दिया था और साथ ही उस पूँजीवादी व्यवस्था पर–जिस व्यवस्था में लोगों की दृष्टि झोंपड़ों पर नहीं पड़ पाती। बंग महिला ने नारी-शिक्षा के प्रति तत्कालीन सामाजिक दृष्टिकोण की बड़ी तीखी आलोचना की और इस प्रकार उन्होंने आपबीती परिस्थितियों को व्यापक परिप्रेक्ष्य देने की कोशिश की। यह बात बिल्कुल सही है कि यदि उनके पिता श्री राम प्रसन्न घोष विद्वान् न होते और पं. केदार नाथ पाठक का सहयोग उन्हें न प्राप्त हो पाता तो शायद वे भी दूसरी तमाम समकालीन लड़कियों की तरह अशिक्षित रह जातीं।

बंग महिला के पिता बाबू राम प्रसन्न घोष अपने समय के जाने-माने विद्वान् थे। उन्हें बँगला और अँगरेज़ी का बहुत अच्छा ज्ञान था। इन दोनों भाषाओं के साहित्य की तमाम चर्चित कृतियाँ इनके पास थीं। भाषा और साहित्य के प्रति समर्पित व्यक्ति होने के कारण इन्हें संस्कृत और हिन्दी का भी ज्ञान था। इन्होंने प्रयास करके अपनी पत्नी श्रीमती नीरदवासिनी को कामचलाऊँ बँगला और हिन्दी पढ़ा दी थी। पिता का साहित्य-अध्येता होना बंग महिला के लिए वरदान साबित हुआ। बंग महिला के व्यक्तित्व-निर्माण में उनकी माता का भी कम हाथ नहीं था। उन्हें (श्रीमती नीरदवासिनी) संगीत का अच्छा ज्ञान था। इसलिए बंग महिला में भी संगीत के प्रति आकर्षण का भाव जागना स्वाभाविक था। हालाँकि उस समय बंगालियों में संगीत-शिक्षा को भी हेय दृष्टि से देखा जाता था फिर भी इनकी रुचि को देखते हुए इनकी माँ ने इन्हें गाना-बजाना सिखा दिया। संगीत-शिक्षा के प्रति शहर के बंगालियों की तद्‌युगीन धारणा का वर्णन करते हुए बंग महिला ने लिखा है–'बंग देश की स्त्रियों में संगीत का अभ्यास रहने पर भी दूसरे प्रान्तों की अपेक्षा उनमें इस विद्या का प्रचार कम है। इसके कई कारण हैं। पहले तो वहाँ किसी भी शुभ-कार्य में गीत गाने की रीत नहीं है और दूसरे वहाँ सबके सामने स्त्रियों का गीत गाना निन्दनीय समझा जाता है। बंग-देश की साधारण स्त्रियों को कोई बाजा बजाना नहीं आता। उनके गाए हुए गीत सुनने का अधिकार उनकी सखी-सहेलियों के अलावा दूसरे को नहीं है और इतनी स्वाधीनता भी केवल घर की कन्याओं के लिए है।' (कु. सं., संगीत और सूई का काम, पृ. 184) बंग महिला जीवनपर्यन्त अपनी माता को साधारण स्त्रियों से ऊपर मानती रहीं क्योंकि इनकी माता ने इनकी हर इच्छा का ध्यान रखा था। माता-पुत्री दोनों संगीत में निपुण थीं। इसलिए संगीत के प्रति अपने समय के बंगालियों की धारणा का प्रतिवाद करते हुए बंग महिला ने चुनौती भरे शब्दों में कहा था–'हमारी समझ में स्त्रियों के लिए संगीत का अभ्यास रखना निन्दनीय नहीं है। इससे घर में आनन्द और सुख की वृद्धि होती है।' उस समय मीरजापुर की स्त्रियों में अश्लील गीतों का बहुत अधिक प्रचार था। शादी-विवाह के अवसरों से लेकर तीज और कजली तक के अवसरों पर भद्दे और अश्लील गीत

खुलेआम गाए जाते थे। कजली की सारी रात यहाँ की स्त्रियों के लिए शब्द-स्वातन्त्र्य की रात होती थी। इनके लाख न चाहने पर भी मीरजापुरी स्त्रियों के मुख से निकले कजली के उन्मुक्त शब्द इनके कानों को बेध देते थे। इन अयाचित शब्दों की खातिरदारी इन्हें इसलिए करनी पड़ती थी क्योंकि इनके घर से जरा दूर दक्षिण के चौराहा पर नारियों का कजली दंगल लगता था जो अबाध गति से सारी रात चलता रहता था। हजारों पुरुषों के घेरे में आबद्ध दस-पन्द्रह स्त्रियों के कजली-दंगल उस समय काफी प्रसिद्ध थे। इन कजली दंगलों में श्लील-अश्लील सभी प्रकार की कजलियाँ गाई जाती थीं। बंग महिला ने नारियों की उन्मुक्त अश्लीलता की निन्दा करते हुए कहा—'इस प्रान्त की स्त्रियों में अश्लील गीतों का प्रचार अत्यन्त ही खेद की बात है।' (वही)।

बंग महिला ने कजली आदि लोकगीतों में जिरा उन्मुक्त अश्लीलता का उल्लेख किया, उसकी पीड़ा प्रेमघन को भी कम न थी। उन्होंने अपनी पुस्तक 'कजली कुतूहल' में लिखा है—'अधिकांश कजलीबाज भोंडे-भाव तथा अति अश्लील शब्द और अर्थों के सन्निवेश से उसे घृणास्पद कर दिया करते हैं।' (प्रेमघन सर्वस्व, भाग दो, पृ. 354-55)

यहाँ यह कह देना अप्रासंगिक न होगा कि सबसे पहले 'प्रेमघन' ने ही अपनी साहित्यिक-पत्रिका 'आनन्द कादम्बिनी' में बंग महिला को प्रकाशित करना आरम्भ किया था। यदि प्रेमघन ने इन्हें प्रकाशन का संरक्षण न दिया होता तो शायद बंग महिला अल्पज्ञात ही बनी रह जातीं। इसलिए इनके लेखन पर प्रेमघन का प्रभाव पड़ना स्वाभाविक ही था। बंग महिला के लेखों में आत्मानुभव और समकालीन लेखकों के प्रभाव बहुत स्पष्ट रूप से व्यंजित हुए हैं।

बंग महिला की माता इनको सिलाई की शिक्षा अच्छी तरह देना चाहती थीं, किन्तु प्रकृति से कलाकार मन वाली बंग महिला की रुचि सिलाई में कभी नहीं जग पाई। ये तो अपने पिता और पाठक की अभिरुचियों में ही मगन रहा करती थीं। छोटी उम्र से ही इनमें रचनात्मक आस्था और सांगीतिक लगाव का विकास होने लगा था। कल्पना और भावुकता में खोई तथा संगीत-स्वरों की मादकता में डूबी बंग महिला के मन में कठोर लोहे की बनी सिंगर सिलाई मशीन कभी नहीं उतर सकी। परन्तु ये अपनी पूजनीया जननी देवी की इच्छा का तिरस्कार तो नहीं कर सकती थीं। फलतः मातृ देवी को खुश करने के लिए इन्होंने थोड़ा-बहुत सिलाई-कार्य भी सीख लिया और बड़ी होने पर ये अन्य स्त्रियों को अपनी राय भी देने लगीं, 'सीना गरीब-अमीर सब अवस्था की स्त्रियों को सीखना चाहिए। गृहस्थी के सब कामों में से यह भी एक है।' अपनी ही वेश-भूषा के आधार पर इन्होंने लिखा कि 'अब इस प्रान्त की स्त्रियाँ भी बंग महिलाओं की भाँति कुर्ती के बदले जाकिट पहनती हैं। लहँगों में भी मेमों के गाउनों की नकल पर चुनन लगाई जाती है।

जाकिट* में जो प्लेट, लेस या चुनन लगाए जाते हैं सो तो यथोचित है।' उनका कहना था कि स्त्रियों को अपने कपड़े अपने ही हाथों सिलने चाहिए।

मीरजापुर में पं. केदारनाथ पाठक और बंग महिला का 'सृजनात्मक संयोग' एक-दूसरे के लिए बहुत ही जीवन्त था। इससे बंग महिला में प्रेरक और प्रेरणा का आजीवन तादात्म्य बना रहा। यह संयोग इसलिए बना कि बंग महिला के पिता बाबू राम प्रसन्न घोष पं. केदारनाथ पाठक के मकान में ही भाड़ेदार होकर रहने लगे। आने के साथ ही वे बालक पाठक के साथ घुलमिल गए। जब बंग महिला छः-सात वर्ष की हुई तब घोष बाबू पाठक और पुत्री को साथ बैठाकर पढ़ाने लगे। युवक पाठक के मन में बँगला भाषा के प्रति अभिरुचि उत्पन्न हुई। इसलिए वे बालिका बंग महिला के साथ हमउम्र बालक की तरह रहने लगे। बाबू राम प्रसन्न घोष इन दोनों के मन में साहित्य-रचना के प्रति जिज्ञासा जगाते रहते। बाबू राम प्रसन्न घोष की स्नेह-शिक्षा की चर्चा करते हुए श्री साँवल जी नागर ने लिखा है—'संयोग से उन्हीं दिनों सुप्रसिद्ध लेखिका बंग महिला जी के स्व. पिता सुप्रसिद्ध विद्वान् बाबू राम प्रसन्न घोष इन्हीं के मकान में किराएदार होकर रहने लगे। वे अपने बालकों के साथ-साथ पाठक जी को भी साहित्य पढ़ाते थे। इन्हीं के सहवास से पाठक जी ने बँगला साहित्य का अच्छा अध्ययन किया।' (हंस, मार्च 1934, वर्ष 4, सं. 6, पृ. 19, पंडित केदारनाथ पाठक, लेखक—अध्यापक श्री साँवल जी नागर।)

बंग महिला के पिता बाबू राम प्रसन्न घोष मीरजापुर जनपद के अत्यन्त सम्मानित नागरिक थे। उस समय के बंगाली परिवारों में श्री प्रमथनाथ भट्टाचार्य और श्री घोष का परिवार सामाजिक प्रतिष्ठा का सिरमौर था। उन दिनों बाबू राम प्रसन्न घोष एक अंगरेज़ फर्म 'जार्डिन एण्ड स्कीनर' में बड़े बाबू पद पर कार्य करते थे। यह अँगरेज़ी फर्म चपड़ा निर्माण का कार्य बहुत बड़े पैमाने पर करती थी। इसके मैनेजिंग डायरेक्टर मि. जार्डिन थे जो अपने प्रधान कार्यालय कलकत्ता में ही अधिक रहते थे। एक बार जब वे मीरजापुर के दौरे पर आए तो संयोगवश इनकी मुलाकात श्री घोष से हो गई। वे इनके अंगरेज़ी ज्ञान से बहुत प्रभावित हुए और इन्हें अपने कारखाने का हेड-क्लर्क नियुक्त कर दिया। घोष बाबू ने अपनी कार्य-दक्षता से जार्डिन साहब को इतना प्रभावित किया कि मीरजापुर के कारखाना में घोष की ही तूती बोलने लगी। इसका लाभ उठाकर इन्होंने उस कम्पनी में अपने पड़ोसी श्री अन्नदा बनर्ज़ी को कार्यालय सहायक और पं. केदारनाथ पाठक को सहकारी हाजिरनवीस के रूप में नियुक्त कर लिया। उनके काम के ढंग का परिणाम यह हुआ कि दिनों-दिन उनकी सामाजिक प्रतिष्ठा बढ़ने लगी। वे नगर की कई साहित्यिक और सांस्कृतिक संस्थाओं के प्रमुख कर्त्ता-धर्त्ता बन गए। इनके घर के पास ही 'मेयो लाइब्रेरी' थी। उस समय की यह एकमात्र लाइब्रेरी थी जो अनेकानेक पत्र-पत्रिकाओं और

अँगरेज़ी-बँगला की साहित्यिक कृतियों से भरी हुई थी। अपनी सामाजिक प्रतिष्ठा के कारण बाबू राम प्रसन्न घोष इस लाइब्रेरी के प्रबन्धक चुन लिए गए। फलतः बंग महिला को हिन्दी और बँगला-साहित्य की विभिन्न रचनाएँ मिलने लगीं। तत्कालीन पत्र-पत्रिकाएँ भी उनके पास पहुँचने लगीं। साहित्यिक अभिरुचि होने के कारण वे अपना अधिकांश समय कहानी, कविता, उपन्यास और नाटक आदि पढ़ने में बितातीं। यह उनकी निज की अभिरुचि भी थी और अभिजात्य परिवार की निशानी भी। पढ़ने के अलावा उनको और कोई काम तो करना नहीं था। पढ़ने के लिए माता-पिता का प्रोत्साहन ऊपर से मिलता था। पं. केदारनाथ पाठक का साथ तो ईश्वर प्रदत्त वरदान ही था। इसलिए कुल मिलाकर उनका मन साहित्य-सन्दर्भों से जुड़ने लगा और उनमें धीरे-धीरे लेखकीय अस्मिता जड़ पकड़ने लगी।

बंग महिला का अधिकांश अध्ययन और सम्पूर्ण लेखन विवाह हो जाने के बाद का था। विवाह के पहले इनमें लेखन के प्रति केवल आस्था भर जागी थी। तद्‌युगीन समाज की स्वीकृत मान्यता और अपने परिवार की चली आने वाली परम्परा के अनुसार इनका विवाह बहुत कम उम्र में हो गया था। 1893 में जब ये केवल ग्यारह वर्ष की थीं, इनकी शादी छपरा (बिहार) निवासी श्री पूर्णचन्द्र डे से कर दी गई। इनके पितामह और यहाँ तक कि आधुनिक विचारधाराओं वाले इनके पिता लड़कियों का विवाह अधिक उम्र में किए जाने के विरोधी थे। बंग महिला की माता नीरदवासिनी की शादी तो छः वर्ष की उम्र में ही हो गई थी। अपने विवाह के समय बंग महिला के पिता भी केवल 14 वर्ष के ही थे। इससे साफ जाहिर होता है कि उनके परिवार में लड़की-लड़कों के विवाह छोटी उम्र में ही हो जाया करते थे। ग्यारह वर्षीया बंग महिला के सोलह वर्षीय पति श्री पी. सी. डे अत्यन्त आकर्षक व्यक्तित्व वाले व्यक्ति थे।

छोटी उम्र में विवाह के प्रति बंग महिला के मन में हमेशा आक्रोश बना रहा। उनका विचार था कि जब लड़की-लड़के वैवाहिक जीवन का महत्त्व समझने योग्य हों, तब उनका विवाह होना चाहिए परन्तु सामाजिक कठोरताओं और जड़तावादी परम्पराओं के आगे उन्हें झुकना ही था। इसलिए उन्हें बड़े मायूस शब्दों में कहना पड़ा था कि 'हिन्दू ललनाओं को तो बाल्यावस्था में ही माता-पिता से अलग होना पड़ता है।' लेकिन कुछ संयोग की ही बात थी कि बंग महिला को अपने माता-पिता से न के बराबर बिछुड़ना पड़ा था। ये अपनी ससुराल में बहुत कम रही थीं। केवल दो बार और वह भी बहुत कम दिनों के लिए वे छपरा गईं थीं। परिस्थितियाँ कुछ ऐसी रहीं कि पूर्णचन्द्र नौ भाई थे और उस समय उनके घर की आर्थिक दशा भी अच्छी नहीं थी। बंग महिला माँ-बाप की अत्यन्त लाडली बेटी थीं। इसलिए इनके पिता ने उनके पति श्री डे को मीरजापुर बुला लिया। श्री डे एक कुशल ओवरसियर थे। घोष बाबू ने इनकी नियुक्ति 'जार्डिन एण्ड स्कीनर' में आसानी से करा ली।

अब डे साहब भी घोष परिवार के साथ ही रहने लगे।

बंग महिला का जीवन अत्यन्त सुखपूर्वक बीतने लगा। माता-पिता, पति और दो छोटे-छोटे भाइयों के सान्निध्य में रहकर आनन्द का एक नया जीवन जाग उठा। जीवन में प्रेम की नई शृंखला जुड़ने के कारण इनमें ज़िन्दगी जीने का नया दृष्टिकोण उभरा। राजेन्द्र बाला घोष से राजेन्द्र बाला डे में बदलने की वेला ने उत्तरदायित्वों का भी एक नया अध्याय खोला। वैवाहिक अग्नि के साक्ष्य में ली गई शपथ ने इन्हें पतिधर्मिता के प्रति जागरूक किया। उन्होंने 'हमारे देश में स्त्रियों की दशा' शीर्षक लेख (कु. सं., 202) में अपनी ही वैवाहिक जिम्मेदारियों को लेकर लिखा—'विवाह के उपरान्त हिन्दू बालिका जिस गुरु भाव से पति को देखती है वह भाव चिर-काल तक उसके मन में बना रहता है।···जिस पतिदेव के लिए हिन्दू नारी इतना त्याग स्वीकार करती है, उस पर उसकी प्रगाढ़ प्रीति पर क्या सन्देह ?' ये बातें उन्होंने शास्त्रीय परम्पराओं को ध्यान में रखकर लिखी थीं। लेकिन पति-पत्नी की समकक्षता को लेकर जब उनकी प्रगतिवादी विचारधारा उद्वेलित होती तब उनके सामने नारियों का विवश अधिकार उभर आता था। इसलिए वे युगीन आवश्यकताओं और भविष्य की परिकल्पनाओं में डूबने लगती थीं। ऐसी मनःस्थिति में वे पाश्चात्य नारी-अधिकार की वकालत करती थीं। ऐसी ही मनःस्थिति में उन्होंने लिखा था, 'भारत की ललनाएँ जो पति के साथ सभ्य स्त्रियों की भाँति व्यवहार नहीं कर सकतीं उसके भी कई कारण हैं। सभ्य देश की स्त्रियाँ विद्या में, बुद्धि में, उम्र में, स्वाधीनता में, खाने में, पहनने में, घूमने-फिरने में यहाँ तक कि पत्यन्तर ग्रहण करने में भी पति की बराबरी कर सकती हैं। उनमें पूर्वानुरागमूलक विवाह प्रचलित होने से पति-पत्नी में सखा-सखी भाव उत्पन्न हो जाता है। पाश्चात्य रमणी पति के साथ अनबन होने पर चट विवाह विच्छेद करने के लिए नालिश करके स्वतन्त्र हो जाती है। अशिक्षिता हिन्दू-नारी, पति-भक्ति, पति-प्राप्ति को अन्तःसलिला फल्गुनदीवत् हृदय में धारण कर आजीवन पतिव्रत धर्म पालन करेगी और कहेगी, 'तुम लाख अनीति करौ तो करौ हमें नेह के नातो निबाहनो हैं।' ' (वही)

बीसवीं शताब्दी के प्रथम दशक में नारी अधिकार को लेकर कलम को इतना साहसिक बनाने का ख्याल बहुत कम स्त्रियों के मन में उठ सकता था। प्रेम-विवाह, पति-परिवर्तन और विवाह-विच्छेद की कल्पना उस युग में की ही नहीं जा सकती थी। पश्चिमी नारियों को धिक्कारने के सन्दर्भ में यह बात भले ही उठाई जा सकती थी परन्तु नारी शिक्षा और नारी अधिकार के सन्दर्भ में पाश्चात्य स्त्रियों की इन साहसिकताओं को उदाहरण के रूप में प्रस्तुत करने की बात तो ज़बान पर भी नहीं लाई जा सकती थी। बंग महिला के इस लेखन को लेकर उनकी प्रगतिशीलता का लोहा मानना पड़ेगा।

भारतीय नारियों की पर्दा-प्रथा और घर की दीवारों में उनके कैद रहने की

नियति पर बंग महिला को बहुत क्षोभ होता था। वे पर्दा-प्रथा को नारियों के जागरण का सबसे बड़ा अवरोध मानती थीं। पुरुषों द्वारा नारियों को चारदीवारी में बन्द कर देने को वे सामाजिक साजिश मानती थीं। ऐसी परम्परागत प्रथाओं का उन्होंने तीखे शब्दों में विरोध किया। उन्होंने अपने लेखों में नारी-अधिकार की आवाज पुरजोर ढंग से बुलन्द की। उन्होंने लिखा, 'ब्रह्म समाजियों और पादरियों में पर्दे का अधिक चाल न रहने के कारण उनकी स्त्रियाँ प्रायः शिक्षिता होती हैं। उच्च-शिक्षा प्राप्त करने के लिए कम-से-कम घर से विद्यालय तक जाने और अध्यापकों से पाठ लेने या उनके पास परीक्षा देने की स्वाधीनता की बड़ी ज़रूरत है। मेरी समझ में हिन्दू परिवार की कुल-वंधुओं को ये दोनों अधिकार मिलना बहुत कठिन है।' (वही) बंग महिला ने यह आवाज तद्युगीन नारी-प्रतिनिधि के रूप में ही उठाई थी। विवाह के तत्काल बाद उन पर भी पर्दा-प्रथा की क्रूर छाया पड़ने लगी थी। राजेन्द्र बाला डे होते ही पं. केदारनाथ पाठक का सहज सान्निध्य टूट गया। उनके साथ बैठकर चलने वाला साहित्य-पाठ व्यतिक्रमित हो गया। जब कभी पं. रामचन्द्र शुक्ल उनसे मिलने के लिए आते तो उनसे आमने-सामने बात करने की इजाज़त उन्हें नहीं मिलती। पर्दे के बाहर आचार्य शुक्ल होते और पर्दे के भीतर बंग महिला होतीं। उनके बीच में पड़ा हुआ पर्दा दीवार की तरह उनमें आनुभूतिक तादात्म्य न होने देता। दोनों के बीच पड़ा हुआ पर्दा उनकी आवाज़ों को प्राणवान नहीं बना पाता और वे दोनों अनावर्तित ही रह जाते। उस पर्दे की चोट ने इनके मन को बहुत दिनों तक आहत बनाए रखा। फलस्वरूप उन्होंने बगावत का लेखकीय झंडा सम्भाला और नारी अधिकार के लिए संघर्ष करने पर उतारू हो गईं। पग-पग पर विषमतावादी सामाजिक दबाव का अहसास होने पर भी वे संघर्षवृत्ति न छोड़ सकीं।

बंग महिला के मन में माता-पिता के प्रति समर्पण-भाव हमेशा बना रहा। हालाँकि पुरानी रूढ़ियों का खौफ़ खड़ा करने वाले कुछ मायने में माता-पिता ही थे फिर भी वे इनके प्रति अपनी श्रद्धा-विनम्रता हर क्षण प्रकट करती रहतीं। हाथ में लेखनी उठाते ही उन्होंने लिखा—'हिन्दू धर्म में माता-पिता प्रत्यक्ष देवता माने जाते हैं। जिस नर-नारी की उन पूज्य चरणों में भक्ति नहीं है वे पशु समान हैं। जो पुत्र-कन्या अपने सदाचरण से माँ-बाप को सुखी न कर सके, उससे संसार में और कौन सत्कर्म हो सकता है ?'

बाबू राम प्रसन्न घोष के लिए भी बंग महिला का जन्म पारिवारिक समृद्धि का द्योतक सिद्ध हुआ। इनके जन्म के बाद घोष परिवार की उन्नति दिन दूनी, रात चौगुनी होने लगी। इनके जन्म के बाद घोष बाबू को चार पुत्र पैदा हुए और इनकी आर्थिक स्थिति भी मज़बूत होती रही। सबसे पहले उन्होंने सन् 1899 में सुन्दरघाट पर एक मकान खरीदा। यह मकान पाठक जी के मकान से पश्चिम थोड़ी ही दूर पर था। पाठक जी का मकान बरियाघाट पर और घोष बाबू द्वारा खरीदा गया

नया मकान सुन्दरघाट पर था। इस मकान के खरीदने से वे मीरजापुर के स्थायी गृहपति बन गए क्योंकि इसके पहले तक वे मीरजापुर में केवल एक भाड़ेदार थे। चार वर्ष बाद ही यानी सन् 1903 में राम प्रसन्न बाबू ने वाराणसी में कोदई चौकी के पास नई सड़क पर भी एक मकान खरीद लिया। अब कभी-कभी घोष परिवार के लोग वाराणसी में भी रहने लगे। जब सन् 1905 में बंग महिला के भाई राजेन्द्र कृष्ण घोष ने मीरजापुर से हाई स्कूल की परीक्षा उत्तीर्ण कर ली तब उन्हें आगे की पढ़ाई के लिए वाराणसी आना पड़ा। वे अपने मकान में ही रहकर पढ़ने लगे। इसलिए अब घोष परिवार के किसी न किसी सदस्य को यहाँ आकर रहना पड़ता था। पं. केदारनाथ पाठक सन् 1894 में ही वाराणसी आ गए थे और पं. मदन मोहन मालवीय तथा बाबू राधाकृष्ण दास के प्रयास से नागरी प्रचारिणी सभा में पुस्तकालयाध्यक्ष के पद पर नियुक्त हो गए थे। हालाँकि बंग महिला नागरी प्रचारिणी के प्रथम वार्षिक अधिवेशन में अपनी कविता सुनाकर हिन्दी साहित्यकारों में चर्चा का विषय बन चुकी थीं किन्तु पं. पाठक की कृपा से अब वे वाराणसी के साहित्यिक वृत्त में सम्मिलित होने लगीं। पाठक जी ने अपने सम्पर्क-सूत्रों से इन्हें भी परिचित कराया। इस प्रकार वे पूरी तरह वाराणसी के साहित्यिक परिवेश से आबद्ध हो गईं। उस समय तक बंग महिला के तमाम लेख विभिन्न पत्र-पत्रिकाओं में छप चुके थे। समालोचक मार्च 1904 में प्रकाशित 'हिन्दी के ग्रन्थकार' शीर्षक उनका निबन्ध उस समय तक हिन्दी-लेखकों में विवाद का विषय बन चुका था।

लेख में बंग महिला ने बड़ा आक्रामक रुख अपनाया था। हिन्दी उक्त लेखकों की मौलिकता पर प्रश्न चिह्न लगाते हुए उन्होंने हिन्दी लेखकों द्वारा बँगला, मराठी और अँगरेज़ी की कृतियों से चोरी करने की प्रवृत्ति और उसको निज की रचना घोषित कर देने की बेहयाई की तीखी खिल्ली उड़ाई थी। उन्होंने तद्‌युगीन कथाकारों की भाषाई लचरता और उर्दू शब्दों के प्रयोग को चुनौतियाँ दीं और साथ ही उपन्यासों और कहानियों में अश्लील चित्रणों पर प्रश्नचिह्न लगाए। चूँकि आलोचना की इस आक्रामक प्रक्रिया में अपने कथन की पुष्टि के लिए उन्होंने तद्‌युगीन लेखकों और उनकी कृतियों के नामों का उल्लेख कर दिया था, इसलिए इस लेख की बेहद तल्ख प्रतिक्रिया हुई थी। इस लेख में हिन्दी-लेखकों और सम्पादकों को कुछ ऐसा लगा था कि बंग महिला ने बँगला-भाषा की रचना-प्रवृत्ति को ऊँचा उठाने और उसकी तुलना में हिन्दी-भाषा की लेखकीय क्षमता को हीन सिद्ध करने की कोशिश की है इसलिए प्रतिकर्मियों ने बंग महिला के व्यक्तिगत जीवन पर भी गहरी चोट की। किसी नारी को तिलमिलाने और खिल्ली उड़ाने के जितने भी ज्ञात तरीके थे, उन सबका प्रयोग प्रतिक्रियावादियों ने किया। इस सन्दर्भ में किसी उग्र प्रतिक्रिया का उल्लेख संगत नहीं है, किन्तु एकाध संयत प्रतिक्रिया ज़रूर द्रष्टव्य है। वैश्योपकारक वर्ष 1, सं. 3, पृ. 65 से 69 पर इसके सम्पादक श्री शिवचन्द्र भरतिया की एक

प्रतिक्रिया 'समालोचक की आलोचना' शीर्षक में इस प्रकार दी गई है, 'एक प्रवासिनी बंग महिला का 'हिन्दी के ग्रन्थकार' शीर्षक भी उल्लेख योग्य है। उल्लेख योग्य इसलिए नहीं कि उसमें कोई नई बात है वरंच इसलिए है कि वह एक स्त्री के नाम से प्रकाशित हुआ है। बहुत से लोग प्रवासिनी जी को स्त्री वेशधारी पुरुष समझेंगे पर वास्तव में वे स्त्री ही हैं। वे किस वंश और किस ग्राम की शोभा हैं यह न जानने पर भी हम 'समालोचक' द्वारा इतना जान गए हैं कि नागरी भवन के गत उत्सव में जिस रमणी की कविता पर मोहित हो मीरजापुर के किसी बाबू ने 'रामायण' और 'समालोचक' के स्वत्वाधिकारी महाशय ने एक 'सांगानेरी साड़ी' समर्पण की थी—कदाचित ये वही हैं। सुतरां इनके स्त्रीत्व को कल्पित समझने का कोई कारण नहीं है। परन्तु स्त्री, फिर भी 'प्रवासिनी' तथापि 'बंग महिला' होकर हिन्दी के ग्रन्थकारों पर इस प्रकार चढ़ाई करना कम बहादुरी की बात नहीं है। बात बहादुरी की होने पर भी हम यह कहे बिना नहीं रह सकते कि इस लेख के कुलरमणी के रक्षण योग्य मर्यादा की रक्षा नहीं हुई। लेख में हिन्दी ग्रन्थकारों से कहा गया है कि वे स्त्री जाति के सम्मान की रक्षा करें। किन्तु दुःख की बात है कि स्वयं लेखिका ने 'एक लेखक' की 'सहधर्मिणी' और 'जननी' पर भी मर्मभेदक प्रश्न का प्रहार कर दिया है ! हम नहीं कह सकते हैं कि 'समालोचक' की ओट में हिन्दी-लेखकों पर यों चोट चलाने में 'बंग महिला' ने क्या भलाई सोची है ? सच पूछिए तो 'प्रवासिनी जी' ने बंग-सहयोगी 'प्रवासी' के लेख का चर्वित चर्चा किया है, या यों कहिए कि उसी के सूत्रों पर एक पक्षपातपूर्ण भाष्य रचा है। बंगालियों ने भी अंग्रेजी ग्रन्थकारों की चोरी की है—न तो इस बात को स्वीकार किया है और न तो यही कहा है कि बँगला के नाटक और उपन्यास भी अश्लीलता के दोष से दूषित हैं। वरंच एक प्रकार की उनके साथ सहानुभूति दिखलाई है। बड़े झोंक से लिखा है कि, 'हिन्दी पाठकों का सिद्धान्त है कि बंग-भाषा के कितने ही उपन्यास अश्लील हैं' पर यदि उनको 'रंगालय' सम्पादक की 'निरपेक्ष समालोचना' का ज्ञान होता तो कहना पड़ता कि 'हिन्दी पाठकों का ही नहीं बहुत से बंगीय सम्पादकों का भी यही सिद्धान्त है'। 'काशी के गोस्वामी' रचित 'चपला' और 'तारा' को देखकर यदि सचमुच प्रवासिनी जी के 'देवता कूच कर गए' हैं तो उनको चाहिए कि कलकत्ते के 'बंग महिला समाज' और प्रसिद्ध 'भारती' पत्रिका की सम्पादिका श्रीमती सरला देवी की उस पत्रिका का पाठ करें जो कुछ दिन पहले उन्होंने 'उपन्यास और समालोचक' के विषय में 'हिन्दुस्तान रिव्यू' में छपाई थी। उसके पाठ से प्रवासिनी जी को विदित होगा कि जिसमें वे 'स्त्री जाति का ही अपमान समझती हैं और जिसे एक 'समाचार-पत्र' के हिन्दी साहित्य का उज्ज्वल 'तारा' बताने पर वे अधीरा हो रही हैं' उसे एक सुप्रसिद्ध बंग महिला कैसा समझती हैं। आपको उपदेश देने की चाव है तो आप उन्हें दीजिए। गोस्वामी जी के उपन्यास गन्दे होने पर भी रवीन्द्रनाथ ठाकुर की कई

एक अश्लील कविता और बड़तले पुस्तकों से अच्छे हैं। अब रहा 'ऐयारी' और 'तिलस्म' इसके विषय में 'सुदर्शन' में बहुत कुछ लिखा जा चुका है। 'असम्भव-सम्भव' का बखेड़ा फिर से खड़ा करना किसी-किसी के चातुर्य का लक्ष्य होने पर भी श्रेयस्कर नहीं है।

'फिर लिखा कि—''मालूम होता है कि काशी के पत्र 'सुदर्शन' के स्वत्वाधिकारी महाशय ने ही इस भाँति उपन्यास लिखने का मार्ग दिखलाया है। एक लेखक ने उनकी नकल की है, किन्तु धृष्टता से लिखा है कि यह किसी की छाया नहीं है। उसी लेखक ने रिनाल्ड के एक उपन्यास का अनुवाद किया है किन्तु बड़ी धृष्टता से उसके तृतीय भाग की भूमिका में इस बात का उल्लेख करके इसका प्रतिवाद किया है। कोई पूछे कि 'जनाब ! यदि यह पुस्तक आपके मगज से निकली है तो 'आत्मा के बेचने' का अर्थ आप क्या समझते हैं ? यदि अनुवाद नहीं है तो पिशाच को आत्मा देना, भतीजी के विवाह की दलाली, कुल-कन्याओं का दूषण प्रभृति क्या आपके पुण्य मगज में विद्यमान थे ? इन उपन्यासों का नाम तो हिन्दी है और काम उर्दू। इनमें मुसलमानी शब्द इतने रहते हैं कि उसे किसी हिन्दुस्तान की मातृभाषा कहते लज्जा आती है। क्या यह लेखक अपनी जननी या सहधर्मिणी से ऐसी भाषा में वार्तालाप करते हैं ?' इस कटाक्ष का असली उत्तर तो 'कुसुम लता', 'नरपिशाच' आदि के लेखक और 'हिन्दी बंगवासी' के वर्तमान नवीन सम्पादक बाबू हरिकृष्ण जौहर ही दे सकते हैं। परन्तु इतना कह देना हम भी अपना कर्तव्य समझते हैं। यद्यपि मुसलमानी शब्दों को हिन्दी में हम अधिक प्रचलित करना नहीं चाहते पर उनसे इस देश के लोगों का सम्बन्ध बिल्कुल टूट भी नहीं सकता। 'पृथ्वीराज रासो' में उर्दू शब्दों की अधिकता होने पर भी हम उसे किसी दूसरी जाति का काव्य नहीं ठहराते और न कायस्थादि की भाषा को हम अहिन्दुस्तानी समझ सकते हैं। हम नहीं चाहते कि जौहर महाशय भी 'बंग महिला' से यह पूछें कि 'अपने जनक और सहधर्मा से वे कैसी भाषा में वार्तालाप करती हैं ?' जिस देश का नाम 'हिन्दुस्तान' है और ज़हाँ की भाषा 'हिन्दी' कही जाती है, वहाँ उर्दू शब्दों का देश निकाला कितनी कठिन बात है यह ध्यानगम्य है। समालोचक जी ! प्रथम, मालवी आदि ब्राह्मण पण्डितों का उर्दू से पल्ला छुड़वाना चाहिए। फिर इतर जन भी उनका अनुसरण करेंगे। 'यद्ययदा चरति श्रेष्ठस्तत्रदेवेतरोजनः'।'

वास्तव में उस वर्ष (सन् 1904 में) बंग महिला का लेख 'हिन्दी के ग्रन्थकार' एक तीखे काण्ड के रूप में उभर आया था, इसलिए प्रतिक्रियाओं पर प्रतिक्रियाएँ शुरू हो गई थीं। 'वैश्योपकारक' के सम्पादक को ही अपने आगे के अंक में (वर्ष 1, सं. 7, पृ. 193) एक प्रतिक्रिया के भोंडेपन पर आश्चर्य और अफसोस व्यक्त करना पड़ा था—'हमें विदित नहीं है कि बंग महिला के पूज्य सतीत्व पर गर्हित आक्रमण किसने किया ? निःसन्देह ऐसा करने वालों को 'जरद्गव' या फिर किसी आवश्यक

शब्द से याद करना उचित है। दुःख यही है कि प्रहार करती हुई स्त्री के सन्मुख बात तक न कर देवव्रत के समान धराशायी होने वाले अब नहीं हैं।'

इस प्रकार यह लेख तद्‌युगीन हिन्दी के रचनाकारों में काफी चर्चित हो चुका था। इनका 'अण्डमान द्वीप के निवासी' शीर्षक निबन्ध 'सरस्वती' में भी छप चुका था। इसलिए उनका तत्कालीन रचनाकरों में भलीभाँति चर्चित होना अस्वाभाविक नहीं था। इसलिए पाठक जी को वाराणसी के नामी-गरामी साहित्यकारों से इनका परिचय कराने में बहुत अधिक प्रयास नहीं करना पड़ा था।

लेकिन संयोग-चक्र के ऊपर किसी का वश नहीं होता है। सन् 1909 में बंग महिला के पिता बाबू राम प्रसन्न घोष की मृत्यु हो गई। इन्हें लाचार होकर फिर मीरजापुर लौटना पड़ा। राम प्रसन्न बाबू अपने निज के मकान का सुख एक दशक तक भी नहीं ले पाए। यद्यपि मृत्यु के समय घोष बाबू की अवस्था कुल 51-52 वर्ष की ही थी परन्तु काल की कठोरताएँ किसी की आयु पर तो विचार करती नहीं। उनके मरने के साथ मोहल्ले के लोगों ने एक भ्रामिका जोड़ दी। सुन्दरघाट वाले जिस मकान को घोष बाबू ने खरीदा था वह काशी के एक महन्त श्री मायानन्द गिरि के मठ से सम्बन्धित था। पुराने समय में गिरि-सम्प्रदाय की सम्पत्ति को लोग बहुत अशुभ मानते थे। इसलिए लोगों ने नीरदवासिनी के मन में यह बात पूरी तरह बैठा दी कि वह मकान उनको नहीं सह रहा था। पति के मरने के कारण नीरदवासिनी को कुछ सूझ नहीं रहा था। ऊपर से यह अपवादी अन्धविश्वास जो उनके मन-मस्तिष्क को हमेशा भयाक्रान्त करता रहा। घोष बाबू के मरने के बाद परिवार की गाड़ी का पहिया लड़खड़ाने लगा था परन्तु उस त्रासद रास्ते पर बंग महिला ने एक समर्थ और कुशल वाहक का काम किया। इन्होंने परिवार की बागडोर को अपने हाथों सम्हाल लिया। सात गाँवों में फैली हुई पिता की जमींदारी की व्यवस्था भी चुस्त कर दी। वे अपनी माता की इस चिन्ता से भी वाकिफ थीं कि उनकी माता अपने मकान से सटे पश्चिम वाला मकान खरीदना और खाने-पीने की व्यवस्था स्थानान्तरित करना चाहती थीं क्योंकि मठ वाला मकान उन्हें चैन की साँस नहीं लेने दे रहा था। दुर्भाग्य का खेल कुछ ऐसा चला कि इसी मकान में बंग महिला का प्रथम पुत्र भी दो वर्ष चार महीने की अवस्था में काल-कवलित हो गया। इसलिए वह पूरा मकान मृत्यु की विभीषिका से भर उठा। काल के निर्दय पंजों द्वारा अपने एकमेव पुत्र को दबोचते हुए देखकर इनका भी मानसिक सन्तुलन बिगड़ने लगा। लेकिन इस हादसे के बाद पं. केदारनाथ पाठक वाराणसी से कुछ समय के लिए मीरजापुर आ गए और उन्होंने अपनी साहित्यिक सान्त्वना की संजीवनी पिलाकर इन्हें एक बार कर्मपथ पर जूझते हुए चलने की ताकत दे दी। पं. केदारनाथ पाठक कुछ दिनों के बाद फिर वाराणसी चले गए लेकिन बंग महिला एक साहसिक योद्धा की भाँति अकेले ही काल-यात्राओं का विसंगत प्रहार झेलने के लिए उठ खड़ी हुई। अपने

पत्ति श्री पी. सी. डे का धैर्यदान भी उनका मनोबल बढ़ाता रहता था। बंग महिला की व्यवस्था और कार्य करने की अटूट क्षमता के फलस्वरूप इनकी माता नीरदवासिनी ने सन् 1912 में स्ववांछित मकान खरीद लिया और खाने-रहने की सारी व्यवस्थाएँ नए मकान में स्थानान्तरित कर दीं।

बंग महिला ने समय की प्रतिकूलताओं की चुनौती बड़ी निर्भीकता से स्वीकार की थी। हालाँकि टूटने के सारे उपकरण इकट्ठा थे फिर भी बंग महिला न अन्दर से टूटीं और न बाहर से। समय से लड़ाई करते हुए अब उन्हें दो मोर्चे सम्हालने पड़े। न वे साहित्यिक मोर्चे से पलायन करना चाहती थीं और न गृहस्थी के मोर्चे से। घर-गृहस्थी के मोर्चे पर इनके साथ इनके पति और माता थीं और साहित्यिक मोर्चे के अटूट सहयोगी–पं. केदारनाथ पाठक।

पं. केदारनाथ पाठक बंग महिला के पिता के साथ 'जार्डिन एण्ड कम्पनी' में बहुत दिनों तक कार्य न कर सके थे क्योंकि इनकी अनुसंधानात्मक प्रतिभा इन्हें लेखन के क्षेत्र में बुला रही थी। उस समय चौधरी पं. बद्रीनारायण उपाध्याय 'प्रेमघन' की 'आनन्द कादम्बिनी' हिन्दी साहित्य-जगत् में भरपूर सम्मान प्राप्त कर चुकी थी। भारतेन्दु बाबू हरिश्चन्द्र और उनके मण्डल के दूसरे रचनाकार प्रायः चौधरी साहब की कोठी पर आया करते थे और उनके 'नागरी निकुञ्ज' में साहित्यिक गोष्ठियाँ किया करते थे। पं. केदारनाथ पाठक का इस कोठी और निकुञ्ज के प्रति सहज आकर्षण दिन-प्रतिदिन बढ़ता गया और सन् 1890 में अपनी रचनाशील मानसिकता के बल पर उन्होंने अपने को प्रेमघन जी का कृपाभाजन बना लिया। इसके बाद उन्होंने जार्डिन एण्ड कम्पनी की नौकरी छोड़ दी और 'आनन्द कादम्बिनी' में कार्य करना शुरू कर दिया। 'आनन्द कादम्बिनी' में उन्होंने तीन वर्षों तक कार्य किया और इस माध्यम से वे हिन्दी-साहित्य और साहित्यकारों से खूब परिचित हो गए। प्रेमघन की कोठी में साहित्यिक चमत्कार की एक से एक घटनाएँ घटा करती थीं। कभी नाटक मंचित होता, जिसमें भारतेन्दु हरिश्चन्द्र नायक बनते और प्रेमघन नायिका की भूमिका निभाते, कभी समस्यापूर्ति की गोष्ठी लगती और कभी कजली-गीतों का आनन्द लेने के लिए शहर की तमाम असूर्यंपश्याओं को बुलाया जाता और इस उत्सव में श्रीमन् महाराज काशिराज तथा भारतेन्दु जैसे लोग भी अपनी गम्भीरता भूलकर साधारण जन की तरह मौज-मस्ती में मग्न हो जाते। पं. केदारनाथ पाठक इन आख्यानों को सुनते और इनका वर्णन बंग महिला के सामने बड़े रोचक ढंग से करते। ऐसी स्थिति में बालिका राजेन्द्र बाला के मन में साहित्यिक रुचि का जागना अस्वाभाविक न था। जब राजेन्द्र बाला कुछ बड़ी हुई तो उन्हें हिन्दी में लेख और आख्यायिका लिखने की प्रेरणा पाठक जी ही ने दी। उन्होंने उस समय की साहित्यिक पत्रिकाओं के सम्पादकों से भी उनका परिचय कराया। बंग महिला को अपना पहला लेख, 'हिन्दी के ग्रन्थकार' लिखने में पाठक जी ने बहुत अधिक सहायता दी और

परिणाम यह हुआ कि यह लेख अपनी विवादास्पद संस्थापनाओं के कारण हिन्दी-साहित्य-जगत् में हल्ला बोलकर स्थापित हो गया।

नागरी प्रचारिणी सभा के 'आर्यभाषा पुस्तकालय' के अध्यक्ष होने और बड़े प्रयत्न और परिश्रम से अधिकाधिक हिन्दी-पाण्डुलिपियों के संग्रह से पाठक जी का साहित्यिक परिचय अपने चरम पर पहुँच गया। बंग महिला को पाठक जी के इस परिचय का भी लाभ मिला। जब सन् 1909 में बंग महिला के पिता बाबू राम प्रसन्न घोष की मृत्यु हो गई तब बंग महिला अत्यन्त अव्यवस्थित हो गई थीं। पति और नवजात शिशु के सान्निध्य के होते हुए भी ये टूटती नजर आने लगीं। पं. केदारनाथ इस प्रतिभासम्पन्न कलम को टूटने से बचाना चाहते थे। हालाँकि इस समय तक बंग महिला अपने मौलिक लेखों और कहानियों तथा अनूदित रचनाओं के कारण प्रसिद्ध हो चुकी थीं फिर भी इनके स्थायित्व के लिए अभी कुछ होना शेष था और साथ ही अभी हिन्दी-साहित्य को इनकी जरूरत भी थी। पाठक जी नहीं चाहते थे कि पिता की मृत्यु के झटके से बंग महिला लड़खड़ा जाएँ। इसलिए उन्होंने बंग महिला के विभिन्न कहानियों और लेखों का एक संकलन निकाल देने की योजना बनाई। इसके दो लाभ दिखाई पड़े। पहला तो यह कि अपने संकलन को देखकर बंग महिला की रचनाशील मानसिकता टूटने से बच जाएगी और दूसरा यह कि विभिन्न पत्रिकाओं में बिखरी उनकी रचनाएँ एक जगह संकलित हो जाएँगी।

जिस समय पं. केदारनाथ पाठक बंग महिला की रचनाओं का संकलन निकालने की बात सोच रहे थे उस समय पं. रामचन्द्र शुक्ल काशी नागरी प्रचारिणी-सभा में आ चुके थे। पं. रामचन्द्र शुक्ल को भी नागरी प्रचारिणी-सभा में ले आने का कार्य पं. केदारनाथ पाठक ने ही किया था। यद्यपि पं. रामचन्द्र शुक्ल मीरजापुर के ही थे, परन्तु सन् 1896 तक पं. केदारनाथ पाठक उन्हें जान नहीं पाए थे। इतनी छोटी उम्र में किसी बालक को वे जानते भी कैसे ? जब सन् 1896 ई. में पं. रामचन्द्र शुक्ल किसी प्रयोजनवश काशी गए तब वहाँ पहली बार पं. केदारनाथ पाठक से उनका परिचय हुआ। इस सम्बन्ध में बाबू श्याम सुन्दर दास ने लिखा है– 'ये एक बेर 1896 ई. में काशी गए। वहाँ भारतेन्दु के मकान के नीचे पं. केदारनाथ पाठक से परिचय हुआ। फिर तो पाठक जी की कृपा से इन्हें हिन्दी और बँगला की अच्छी-अच्छी पुस्तकें पढ़ने को और हिन्दी के नए पुराने लेखकों की लम्बी-चौड़ी चर्चा सुनने को मिलने लगी।' 'पं. रामचन्द्र शुक्ल हिन्दी-जगत् के गौरव हैं; परन्तु यह अपने जीवन में जितने ऋणी पाठक जी के हैं कदाचित् किसी दूसरे के न होंगे।' (हिन्दी कोविद् रत्नमाला भाग 2) पाठक जी ने बंग महिला का संकलन निकालने के लिए पं. रामचन्द्र शुक्ल को प्रोत्साहित किया। पं. शुक्ल बंग महिला से भली-भाँति परिचित थे क्योंकि जब वे मीरजापुर में रहते थे तब प्रतिदिन रमईपट्टी से तिवराने टोला आया करते थे। बंग महिला का घर उनके रास्ते वाली सड़क सुन्दर

घाट पर था। शुक्ल जी बंग महिला से दो वर्ष छोटे थे और उन्हें दीदी के रूप में मानते थे। इसलिए कभी-कभी वे बंग महिला के घर भी चले जाते थे और उनसे देर तक साहित्यिक चर्चाएँ किया करते थे। उस समय समकालीन रचनाकारों में बंग महिला का महत्त्व काफी बढ़ चुका था। अतः उनके साथ बैठने में शुक्ल जी को भी काफी खुशी होती थी। जब पं. केदारनाथ पाठक ने बंग महिला की रचनाओं का संकलन निकालने का प्रस्ताव पं. रामचन्द्र शुक्ल के सामने रखा तो शुक्ल जी को बड़ी खुशी हुई। उन्होंने यह कार्य सहर्ष स्वीकार कर लिया। उसी समय काशी नागरी प्रचारणी-सभा में आचार्य शुक्ल 'भारतेन्दु स्मारक ग्रन्थ-मालिका' प्रकाशित करने की योजना बना रहे थे। उस समय तक बंग महिला की कहानियाँ और लेख नए वैचारिक आन्दोलन और भाषा तथा शिल्प की दृष्टि से युग की माँग के रूप में स्वीकृत हो चुके थे। 'भारतेन्दु बाबू स्वयं साहित्य तथा समाज में नए आन्दोलन के जनक थे। इसलिए बंग महिला की रचनाएँ भारतेन्दु जी की 'स्मारक ग्रन्थ-मालिका' के लिए अत्यन्त सन्दर्भगत थीं। अतः स्मारक ग्रन्थ-मालिका के प्रथम पुष्प के रूप में बंग महिला के संकलन 'कुसुम संग्रह' का प्रकाशन किया गया। यानी 'मालिका' का समारम्भ 'कुसुम संग्रह' से करके 'भारतेन्दु स्मारक ग्रन्थ-मालिका' की महत्त्वपूर्ण योजना को क्रियान्वित किया गया।

जब बंग महिला की रचनाओं के पुस्तकाकार प्रकाशन की योजना निश्चित हो गई, तब उस पुस्तक के नामकरण पर भी काफी बहस-मुबाहिसा चला। विचार-विमर्श की शृंखला में कई नाम आए थे। 'नारी-शिक्षा और बंग महिला' के लेख आदि नाम आए परन्तु इन नामों में वैसा सहज आकर्षण नहीं था कि इनमें से एक भी सर्वसम्मत स्वीकृत होता। आचार्य शुक्ल ने इस रचना-संग्रह का नाम 'कुसुम संग्रह' प्रस्तावित किया। बिना किसी तर्क-वितर्क के यह नाम स्वीकृत हो गया। आचार्य शुक्ल ने नाम चुनने के कारण पर प्रकाश डालते हुए लिखा, 'इस संग्रह के लेख और आख्यायिकाएँ 'कुसुम' की तरह कोमल तथा गन्धपूर्ण हैं। इनमें जीवन की बड़ी मार्मिक और भावव्यंजक रचनाएँ संगृहीत की जा रही हैं। इनका आघ्राण मन को रससिक्त कर देने वाला तथा नारी समाज का पथ-प्रदर्शन करने वाला है। इसलिए इस संग्रह का नाम 'कुसुम संग्रह' रखना ही ठीक है।' शुक्ल जी के इस तर्क ने पाठक जी को आनन्द विह्वल कर दिया। आज इस संग्रह का नाम कुसुम संग्रह भले ही अप्रासंगिक लगे लेकिन सन् 1910 में यह नाम बहुत ही रोमानी और उत्तेजक रहा होगा। आज अप्रासंगिक इसलिए कि इस संग्रह में कुसुम की कोमलता कम और काँटों का तीखापन अधिक है। पूरे संग्रह में एक भी रचना ऐसी नहीं है जिसकी प्रवृत्ति अथवा प्रभाव रोमानी हो। अधिकांश रचनाओं में सचाई की अप्रियता है जो 'सत्यं ब्रूयात् प्रियम् ब्रूयात्' की परम्परा को तोड़ने वाला है। इस संग्रह में सामाजिक यथार्थ की कठोरता तद्‌युगीन नारी जागरण के माध्यम से ध्वनित हुई है। आदर्श

भी हैं लेकिन यथार्थ को उकसाते हुए और धकेलते हुए।

आचार्य रामचन्द्र शुक्ल लगभग दो वर्ष पूर्व ही काशी नागरी प्रचारिणी-सभा में आए थे। वे हिन्दी शब्द-सागर के सम्पादन-विभाग में नियुक्त हुए थे। 'हिन्दी शब्द-सागर' के प्रधान सम्पादक बाबू श्याम सुन्दर दास थे और सहायक सम्पादकों में बालकृष्ण भट्ट आचार्य शुक्ल से वरिष्ठ थे। जब पं. केदारनाथ पाठक ने आचार्य रामचन्द्र शुक्ल को 'कुसुम संग्रह' के सम्पादक के रूप में प्रस्तुत किया तब आचार्य शुक्ल को बेहद खुशी हुई। इसके कई कारण थे। पहला कारण तो यह था कि उन्हें स्वतंत्र रूप से किसी पुस्तक के सम्पादन का प्रथम अवसर प्राप्त हो रहा था और दूसरा यह कि भारतेन्दु बाबू हरिश्चन्द्र के स्मारक-आन्दोलन को मूर्त रूप देने का स्वर्ण अवसर उनके हाथ लगा था। आचार्य शुक्ल भारतेन्दु बाबू को अविस्मरणीय महापुरुष के रूप में देखते थे। वे चाहते थे कि भारतेन्दु बाबू के अनगिन स्मारक विविध रूपों में चारों तरफ सामने आएँ। 'कुसुम संग्रह' के सम्पादन द्वारा उनकी एक बहुत बड़ी आकांक्षा की पूर्ति होने जा रही थी। उन्होंने 'कुसुम संग्रह' के सम्पादकीय में अपने ये विचार बड़े साफगोई से व्यक्त किए, 'आज के पचास वर्ष पहले हमारी स्थिति बड़ी बेढब हो रही थी। हमारे चिरपोषित साहित्य से हमारा नाता टूटने पर था। हमारे राजनैतिक जीवन में तो हमारी भाषा टोडरमल की कृपा से मुसलमानों ही के समय से अलग हो चुकी थी। इधर जब अँगरेज़ी का प्रकाश हम पर पड़ा और हमें संसार की गति का ज्ञान हुआ। तब हम सामयिक प्रवाह की ओर एक विदेशी भाषा के सहारे दौड़ पड़े। हमारा साहित्य जहाँ का तहाँ छूटा जाता था। इसी बीच से भारतेन्दु बाबू हरिश्चन्द्र ने उसे उठाकर सशक्त किया और हमारे साथ उसे फिर लगा दिया। भिन्न-भिन्न मार्गों पर हमारे विचार जा रहे थे। उनकी ओर हमारे साहित्य को बड़ी सफाई के साथ उन्होंने मोड़ दिया। किसी जाति का साहित्य जब बराबर उसके विचारों और व्यापारों के साथ लगा हुआ चलता है, तभी जीवित रह सकता है। अतः भारतेन्दु ने हिन्दी को बड़ी बुरी दशा में पड़ने से बचाया। यदि कहीं हमारे साहित्य का हमसे वियोग हो जाता जिसके सब सामान इकट्ठे थे तो क्या हम सभ्य संसार में अपना मुँह दिखाने लायक रह जाते ? सोचिए तो कि हिन्दी-भाषा का राष्ट्रभाषा के नाते सारे भारत पर इनका कितना उपकार है ?

'आज जो हम नए-नए विचारों को मँजी हुई भाषा में प्रकट करते हैं और चारों ओर हिन्दी पुस्तकों और पत्रों को उमड़ते देखते हैं, वह इन्हीं की बदौलत है। हिन्दी को उन्नति के आधुनिक मार्ग पर लाकर खड़ा करने वाले यही थे। अतः हमें चाहिए कि राजनीति, विज्ञान, दर्शन, कला आदि के जो-जो भाव हम अपनी संसार यात्रा में प्राप्त करते जाएँ उन्हें अपनी मातृ-भाषा हिन्दी को बराबर सौंपते जाएँ क्योंकि यही उन्हें हमारी भावी सन्तति के लिए संचित रखेगी। साथ ही हमारा यह भी कर्तव्य है कि उस महात्मा को जिसका यह उपदेश था—'विविध कला, शिक्षा,

अमित ज्ञान अनेक, प्रकार सब देशन से ले करहु भाषा माँहि प्रचार' न भूलें और न भरसक किसी को भूलने दें। संसार के समस्त अन्य देशों में महान् पुरुषों की स्मृति को जाग्रत रखना सच्चे लोकोपकारी कार्यों की उत्तेजना का एक साधन समझा जाता है। महात्माओं के जीवन को तो स्वार्थ स्पर्श कर ही नहीं सकता। अतः उनका जो कुछ आदर किया जाता है उससे उनका कोई उपकार नहीं बल्कि समाज का उपकार होता है। उनके जीवनोपरान्त भी यदि उनका स्मरण किया जाता है तो उससे लोगों का बहुत कुछ भला हो जाता है। यह बात यूरोप वालों के मन में अच्छी तरह बैठ गई है। वे अपने प्रतिभा-सम्पन्न कवियों और ग्रन्थकारों का स्मरण करते रहने के लिए अनेक युक्तियाँ रचा करते हैं। उनकी जयन्तियाँ मनाई जाती हैं, उनके नाम पर स्कूल और पुस्तकालय चलते हैं, पुस्तकमाला निकलती है। लज्जा की बात तो है पर कहना ही पड़ता है कि हम भारतवासियों में इस प्रवृत्ति का अभाव है। यदि हम अपने साहित्य संचालकों का उचित आदर नहीं करते हैं तो संसार को यह कहने में संकोच नहीं कि हमने अभी तक विद्या की शक्ति को नहीं समझा और हम झूठी तड़क-भड़क के श्रद्धालु बने हुए हैं। हम भारतवासी बहुत कुछ ऊँचा-नीचा देख चुके हैं। अब हमें सच्चे पुरुष रत्नों की परख होनी चाहिए। अब हमें उनके आदर करने का फल और माहात्म्य समझना चाहिए।

'यों तो वर्तमान हिन्दी में जो कुछ देखा जाता है वह भारतेन्दु ही की प्रभा का स्मारक है। पर किसी वस्तु को निर्दिष्ट किए बिना जी भी नहीं मानता। जिस कार्य के लिए किसी महान् पुरुष ने प्रयत्न किया हो उसमें प्रवृत्त होकर उसे आगे बढ़ाना ही उसका सच्चा स्मरण है। अतः जिस वृक्ष को भारतेन्दु लगा गए उसके पत्र-पुष्प से बढ़कर उनका और क्या स्मारक हो सकता है। यही विचार कर यह ग्रन्थमालिका आप लोगों के सामने रखी जाती है।' (कुसुम संग्रह सम्पादकीय भूमिका)

कुसुम संग्रह के इस सम्पादकीय से स्पष्ट ज्ञात होता है कि आचार्य रामचन्द्र शुक्ल वर्तमान हिन्दी के जनक भारतेन्दु हरिश्चन्द्र को ऐसा पुरुष-रत्न मानते थे जिनके स्मारक की नितान्त आवश्यकता थी। उन्हें इस बात की बेहद खुशी हुई कि इस आवश्यकता की पूर्ति मीरजापुर की बंग महिला की रचनाओं के संग्रह से कर रहे थे। 28 नवम्बर, 1910 को एक रचनाशील आन्दोलन की शुरुआत करके आचार्य रामचन्द्र शुक्ल ने हिन्दी के लेखकों के सामने एक भारी उत्तरदायित्व उपस्थित कर दिया था।

इस बात का जिक्र करना कोई खास महत्त्व नहीं रखता कि अपनी छिटपुट फैली हुई रचनाओं को एक जगह संकलित होते हुए देखकर तथा इन रचनाओं द्वारा एक साहित्यिक अभियान के श्रीगणेश का मन्त्र सुनकर बंग महिला को कितनी खुशी हुई होगी। उन्होंने लेखिका की भूमिका में अत्यन्त विनम्रतापूर्वक अपनी आनन्दानुभूति की चर्चा की—'आज तक मेरे जितने अनुवादित और लिखित प्रबन्ध 'समालोचक',

'सरस्वती', 'आनन्द कादम्बिनी', 'भारतेन्दु', 'बाल प्रभाकर', 'लक्ष्मी', 'स्वदेश बान्धव', 'स्त्री' आदि पत्रों में और 'वनिता विनोद' नामक पुस्तक में प्रकाशित हुए थे वे ही सब संगृहीत होकर 'कुसुम संग्रह' नाम से पुनः प्रकाशित हो रहे हैं।' अपनी भूमिका में बंग महिला ने उन मूल लेखकों के प्रति अपनी हार्दिक कृतज्ञता प्रकट की, जिनके लेखों और कहानियों के अनुवाद इस संग्रह में संकलित हुए थे। पुस्तक के अन्त में मूल लेखकों के नाम भी दे दिए गए। लेकिन सम्पादन की दृष्टि से एक अभाव अवश्य रह गया। यदि परिशिष्ट में जहाँ मूल लेखकों के नाम दिए गए हैं, वहाँ यह भी दे दिया गया होता कि मूल लेख किस पत्रिका के किस अंक में छपे थे और उनके अनुवाद किस पत्रिका के किस अंक में प्रकाशित हुए थे तो आज के पाठकों के लिए सूचनार्थ सुविधा रहती।

कुसुम संग्रह की पहली आवृत्ति में बंग महिला की मौलिक और अनूदित दोनों प्रकार की रचनाओं का संकलन किया गया। इनकी मौलिक रचनाओं में दो कहानियाँ—'दुलाईवाली' और 'भाई बहन' एवं चार लेख—'गृह-चर्चा', 'संगीत और सूई का काम', 'स्त्रियों की शिक्षा' और 'हमारे देश की स्त्रियों की दशा,' संकलित हुए। अनूदित लेखों और कहानियों में नारायणदास सेन की कहानी 'मुरला', दीनेन्द्र कुमार सेन की कहानी 'मातृहीना', हरिहर सेठ की कहानी 'संसार सुख', सखा ओ साथी की कहानी 'अपूर्व प्रतिज्ञा पालन', रवीन्द्रनाथ ठाकुर की दो कहानियाँ, 'दान-प्रतिदान' और 'दालिया', देवेन्द्र कुमार राय का डिडेक्टिव नावेल—'तिल से ताड़' तथा अविनाश चन्द्रदास का लेख 'गृह', श्रीमती लावण्यप्रभा सरकार का लेख 'पतिसेवा', रामचन्द्र चट्टोपाध्याय के दो लेख 'नीलगिरि की होडा जाति' और 'अण्डमान द्वीप के निवासी' एवं बैकुण्ठनाथ दास का लेख 'भगवती देवी' तथा इतिहास से लिया गया एक चित्र 'जोधाबाई' का संकलन किया गया।

'कुम्भ में छोटी बहू' कहानी विवादास्पद है। इस अर्थ में विवादास्पद कि संकलन में इसे अनूदित कहानी के रूप में लिया गया है। ऐसा इसलिए करना पड़ा था कि स्वयं बंग महिला ने इस कहानी को सरस्वती में प्रकाशित कराते समय (सरस्वती, भाग 7, संख्या सं. 9, पृ. 342) एक टिप्पणी लगा दी। 'मेरी पूजनीया जननी श्रीमती नीरदवासिनी घोष रचित (हस्तलिखित) बंग-भाषा के एक गल्प का अनुवाद।—अनुवादिका।' वास्तव में यह कहानी श्रीमती नीरदवासिनी घोष की न होकर बंग महिला की अपनी मौलिक कहानी थी क्योंकि नीरदवासिनी इस स्तर तक पढ़ी-लिखी नहीं थीं कि कहानी लिख सकें। यदि यह कहानी उनकी लिखी होती तो यह बँगला भाषा की किसी पत्रिका में अवश्य प्रकाशित हुई होती क्योंकि इसमें कहानी लेखन का शिल्प पूर्ण विकसित धरातल पर विद्यमान है। अपनी माता को लेखिका के रूप में अमर करने के लिए बंग महिला ने 'हस्तलिखित' रूपी चातुर्य का सहारा लिया। जो नीरदवासिनी घोष इतनी अच्छी कहानी लिख सकती थीं उन्होंने दूसरी एक भी

कहानी नहीं लिखी यह भी विचारणीय विषय है। और जो सबसे अधिक सोचने की बात है वह यह कि इस कहानी के प्रकाशन के दूसरे ही वर्ष बंग महिला की कहानी 'दुलाईवाली' (सरस्वती भाग 8, पृ. 178) में कहानी-लेखन का शिल्प, स्थितियों और मनःस्थितियों का चित्रण और यहाँ तक कि भाषा-विधान 'कुम्भ में छोटी बहू' की तरह ही है। तुलनात्मक स्तर पर इन दोनों कहानियों के पढ़ने के बाद कोई भी पाठक इन्हें अलग-अलग लेखिका की कहानी कह ही नहीं सकता। इसलिए अब यह भ्रान्ति दूर होनी चाहिए कि 'कुम्भ में छोटी बहू' बंग महिला की मौलिक कहानी नहीं है।

हालाँकि लेखिका ने इस संकलन की अपनी भूमिका में लिखा है कि सन् 1910 तक के उनके सभी मौलिक और अनूदित लेख तथा कहानियाँ 'कुसुम संग्रह' में संकलित हो रही हैं परन्तु उनकी यह घोषणा भी ठीक नहीं है क्योंकि उनका लेख 'हिन्दी के ग्रन्थकार' (समालोचक मार्च-अप्रैल 1904) और उनकी आख्यायिका 'चन्द्रदेव से मेरी बातें' (सन् 1904, सरस्वती, भाग 5, पृ. 440) जो इस संकलन के प्रकाशन के पहले ही अन्य पत्रिकाओं में प्रकाशित हो चुके थे, किन्ही कारणोंवश इस संकलन में आने से रह गए। उनकी ये दोनों रचनाएँ भी मौलिक थीं।

20वीं शताब्दी के प्रारम्भिक दशकों में किसी साहित्यिक कृति का इण्डियन प्रेस, इलाहाबाद से प्रकाशित हो जाना अपने आप में एक महत्त्वपूर्ण बात थी। इण्डियन प्रेस से प्रकाशित होने का मतलब था–कृति का तत्काल चर्चित हो जाना। कुसुम संग्रह का प्रकाशन इण्डियन प्रेस से ही हुआ। आचार्य रामचन्द्र शुक्ल के सम्पादन और बंग महिला के रचना-वैशिष्ट्य के कारण इस कृति की व्यापक प्रतिक्रिया हुई। तत्कालीन उ. प्र. सरकार ने इसको लड़कियों के स्कूलों के लिए और प्रदेश के तमाम पुस्तकालयों के लिए स्वीकृत कर लिया। काशी नागरी प्रचारिणी सभा ने इसका चुनाव प्रशंसा योग्य पुस्तकों में करके इसका वास्तविक मूल्यांकन किया। सभा के 19वें वार्षिक विवरण में हिन्दी वाङ्मय की कुल 40 पुस्तकें प्रशंसा-योग्य घोषित की गईं, जिसमें 'कुसुम संग्रह' का 7वाँ स्थान था। इसके साथ पं. सूर्य नारायण पाण्डेय की कृति 'आचार प्रबन्ध', वृन्दावन लाल वर्मा की 'आत्म सुधार', मुंशी देवी प्रसाद की 'कविरत्न माला', गिरिजा कुमार घोष की 'छोटी बहू' और 'प्रियंवदा', मैथिलीशरण गुप्त की 'जयद्रथ वध' और 'सुधी प्रबन्ध', किशोरीलाल गोस्वामी की 'राजसिंह', बृजनन्दन सहाय की 'सौन्दर्योपासक', मिश्र बन्धु की 'हिन्दी नवरत्न' तथा पं. जनार्दन की 'ऋद्धि' शीर्षक कृतियाँ भी प्रशंसा-योग्य मानी गईं। (वार्षिक विवरण, पृ. 25)। उस समय की सारी पत्र-पत्रिकाओं ने और अच्छे साहित्यकारों ने 'कुसुम संग्रह' की समीक्षाएँ लिखीं और रचना-सन्दर्भ, शिल्प-अभिनवता तथा भाषा की सफाई को लेकर इस कृति की भरपूर तारीफ की।

'कुसुम संग्रह' का प्रकाशन बंग महिला के जीवन की महान् उपलब्धि था।

इस उपलब्धि से उनका जीवन एक बार पुनः आनन्द से भर उठा। प्रकाशन के बाद कुछ दिनों तक काशी में रहकर वे मीरजापुर चली आईं और माता के साथ मिलकर जमींदारी का कारोबार सम्हालने लगीं। बीच-बीच में काशी जाती रहीं क्योंकि वहाँ इनके छोटे भाइयों की शिक्षा चल रही थी और पं. केदारनाथ पाठक का साहित्यिक सान्निध्य वहीं मिल सकता था। जब कभी काशी में कोई लेखकीय सम्मेलन होता, ये वहाँ पहुँच जाती थीं। इस प्रकार मीरजापुर से काशी और काशी से मीरजापुर इनका आना-जाना लगा रहता।

बंग महिला के जीवन में पिता और पुत्र की मृत्यु-पीड़ा कम होने लगी। अध्ययन, लेखन, जमींदारी का प्रबन्ध और काशी में रहकर साहित्यकारों का सान्निध्य प्राप्त करना इनके जीवन का अंग बन गया। लेकिन समय कब कठोर हो जाए इसको कौन जान सकता है। जैसे दुर्भाग्य और काल की कठोरताओं से जूझना ही बंग महिला के हिस्सा में पड़ा था। इन्हें 13 अगस्त, 1917 को काल की क्रूरता का एक बड़ा झटका लगा, जब इनके पति श्री पी. सी. डे की मृत्यु हो गई। इनके पति की मृत्यु सीढ़ियों से गिरने के कारण मस्तिष्क की नस फट जाने के परिणामस्वरूप हुई थी। मृत्यु के समय उनकी उम्र केवल 40 वर्ष थी। 35 वर्ष की अवस्था में विधवा हो जाने की पीड़ा ने बंग महिला को भीतर से बाहर तक तोड़ दिया। 8 वर्ष पहले जब इनके पिता की मृत्यु हुई थी और वृद्धा माता तथा छोटे-छोटे भाइयों का बोझ इनके कन्धे पर आ पड़ा था, तब भी यह दुःखित हुई थीं, लेकिन उस समय साहस बटोरकर एक अपराजित योद्धा की तरह ये काल-यात्राओं का विसंगत प्रहार झेलती रहीं। लेकिन पति की मृत्यु ने इनके जीने और सोचने की सारी प्रक्रिया को झकझोर दिया। इनके रहने का ढंग एकदम बदल गया, चिन्तन कुण्ठित हो गया और लेखनी की गति अवरुद्ध हो गई। ये पूरी तरह संन्यासिनी बन गईं।

विधवा हो जाने के बाद बंग महिला का सारा जीवन ही बदल गया। 8 वर्षों तक माता के वैधव्य का दुख झेलती रहीं। और फिर तो माँ-बेटी दोनों विधवा। बंग महिला के लिए वैधव्य-आचरण का रास्ता बना-बनाया मिला। उसी आदर्श के अनुकूल कमर तक लहराने वाले बालों को कटाकर चार-चार अंगुल का कर लिया। न तेल न कंघी। जीवन का रूखापन बालों में भी उतर आया। देह पर से रंगीन परिधान उतर गए, जापानी मारकीन की धोती और उसी की सादी कुर्ती, सिर से पाँव तक सुबह से शाम तक सादगी ही सादगी। विधवा होने के बाद ये एक वक्त खाना खाने लगीं और पूजा दोनों वक्त करने लगीं। गंगा स्नान में कठोर नियमितता आ गई। घर के पास ही गंगा जी का 'सुन्दरघाट' था। चाहे जाड़े की सिहरन रहती अथवा वर्षा की अटूट झड़ी होती, ये भोर पाँच बजे गंगा तट पर पहुँच जातीं। उस समय घाट पर इक्के-दुक्के स्नानार्थी रहते, महिला स्नानार्थी तो ये अकेले ही रहतीं। मृतात्माओं को गंगा-जलदान करने में इनका बड़ा विश्वास था। परमपावनी-जगत्तारिणी

गंगा की अपार जल-राशि इनके सामने फैली रहती। इसलिए एक अजीब पावनोत्तेजना में पिता और पति की मृतात्माओं को जलदान करतीं, स्नान करने के लिए आए दूसरे लोग इन्हें देखकर विस्मित हो जाते।

ये तुलसी-साहित्य की सुनिष्ठ उपासिका थीं। शहर में रामलीला आरम्भ होने के पूर्व जब रथ पर राम की सवारी निकलती थी, तब ये उन मूर्तियों को द्वार पर बुलवाती थीं और उनकी विधिवत् पूजा-अर्चना करके उन्हें दक्षिणा समर्पित करती थीं।

बंग महिला के वैधव्य जीवन बिताने का आधार बना गृह-कार्य। घर की सफाई से लेकर घर की तमाम दूसरी व्यवस्थाएँ इन्होंने अपने हाथ में ले लीं। इनका अपना विचार था, 'स्त्रियों का सबसे आवश्यक और उपयोगी कार्य अपनी घर-गृहस्थी की देखभाल करना है।...क्या धनवान क्या गरीब सबके घर की स्त्रियों के लिए उचित है कि प्रातःकाल घर के सब मनुष्यों से पहले बिछौने पर से उठे। उस समय एक बार भगवान का नाम लेना सबको उचित है। सवेरे एक बार सम्पूर्ण घर, कोठरी, दालान, चौका, छत आदि बुहारना चाहिए।...चाहे जज साहब की गृहिणी हों चाहे डिप्टी साहब की, स्त्री मात्र का कर्तव्य है कि अपने हाथ से रसोई बनाए।' (कुसुम संग्रह)

विधवा होने के बाद लेखन-कार्य शिथिल पड़ गया। ये अपने को घर के काम और खेती की व्यवस्था में ढालने लगीं। पूरे परिवार पर इन्हीं का अधिकार था।

ये घर के तीसरे तल्ले पर एक चारपाई और कुश का आसन लेकर एकान्त में पति-वियोग की पीड़ा झेलती रहतीं। अपना पूजा-गृह अपने तक ही सीमित रखती थीं। पूजा-गृह के बर्तन (पुजहाइयाँ) ये अपने ही हाथों साफ करतीं। बारह बजे रात्रि के पूर्व और चार बजे रात्रि के बाद ये कभी नहीं सोती थीं। यदि घर में कोई बीमार पड़ जाता तो ये रात-रात भर जागकर उसकी भरपूर तिमारदारी करतीं। इस प्रकार गृह-कार्य, पूजा-उपासना और सेवा-परोपकार में इनके दिन बीतने लगे। इनका लेखन कार्य उपराम लेने लगा। शायद ही रात के एकान्त में यदा-कदा कुछ लिख पाने की मनःस्थिति बन पाती थी।

लेखन से निःसंगता बनाए हुए ये दिन पर दिन काटती जा रही थीं। काशी से पं. केदारनाथ पाठक आते और समझा-बुझाकर चले जाते, लेकिन कोई खास नतीजा न निकलता, इस प्रकार चार वर्ष बीत गए लेकिन बंग महिला का लेखकीय विराग समाप्त नहीं हुआ। पाठक जी नहीं चाहते थे कि साहित्य-भूमि पर रोपा हुआ यह छतनार पौधा असमय सूख जाए। 'वास्तव में पाठक जी साहित्योद्यान के अद्भुत माली हैं। न जाने कितने ही वृक्ष इन्होंने पाल-पोस कर तैयार किए हैं। न जाने कितनी ही साहित्यिक-चोरियाँ बरामद कर गन्दी डालियों को साहित्य उपवन से पृथक् किया है। कीड़ों और काँटों से बाग की रक्षा करने में इन्होंने अपना जीवन समर्पण कर

दिया है।" पं. महावीर प्रसाद द्विवेदी (हंस, मार्च 1934, पृ. 22) संयोग से 'कुसुम संग्रह' के प्रथम संस्करण की सारी प्रतियाँ समाप्त हो चुकी थीं। उसकी माँग तो हो रही थी लेकिन प्रतियों के अभाव में पूर्ति नहीं हो पा रही थी। पाठक जी ने 'कुसुम संग्रह' के द्वितीय संस्करण द्वारा बंग महिला को लेखकीय सन्दर्भों से जोड़ने की योजना बनाई। इस बार उन्होंने साहित्य-सेवा सदन के व्यवस्थापक श्री गया प्रसाद शुक्ल से 'कुसुम संग्रह' के दूसरे संस्करण को प्रकाशित करने की बात चलाई। गया प्रसाद जी इसके लिए फौरन तैयार हो गए। इस संस्करण में साज-सज्जा के विस्तार की योजना बनी। साथ ही बंग महिला की मौलिक रचनाओं के लिए एक अलग पुस्तक प्रकाशित करना तय किया गया। इसलिए दूसरे संस्करण में केवल उनकी अनूदित रचनाएँ ही चुनी गईं। सारी योजना को अन्तिम रूप देकर पाठक जी सन् 1922 के प्रारम्भिक महीनों में मीरजापुर आ गए और बंग महिला को पुनः कृतिकार होने की उत्तेजना से भरकर उन्हें अपने साथ काशी ले गए।

काशी में आकर और लेखकीय सन्दर्भों से जुड़कर बंग महिला को लगा कि पाठक जी ने उन्हें वैधव्य की सूली से नीचे उतार लिया था। उनके लिए काशी पूजा-उपासना और अध्ययन-लेखन दोनों के लिए सार्थक सिद्ध हुई। कुसुम संग्रह का दूसरा संस्करण मुद्रित होने के लिए 'हित चिन्तक प्रेस' को दे दिया गया। प्रकाशन का भार पं. गया प्रसाद शुक्ल ने स्वीकार किया। बंग महिला काशी में रहकर अपनी पुस्तक का प्रूफ देखतीं और पूजा-पाठ के साथ लेखन-कार्य भी करतीं।

कुसुम संग्रह का दूसरा संस्करण सन् 1922 की दीपावली तक छप कर तैयार हो गया। हालाँकि इस बार इसकी दूसरी आवृत्ति हुई थी। लेकिन इसको 'प्रथमावृत्ति' ही घोषित किया गया। 'इण्डियन प्रेस' वालों ने 'पहली बार' लिखा था और साहित्य-सेवा-सदन 'प्रथमावृत्ति' लिखकर काम चला लिया था। इस बार इसकी छपाई बहुत अच्छे ढंग से की गई। पुस्तक के प्रारम्भ में भारतेन्दु बाबू हरिश्चन्द्र का रंगीन चित्र भी दिया गया। इसके अलावा 'मुरला', 'कुम्भ में छोटी बहू', 'अपूर्व प्रतिज्ञा पालक', 'जोधाबाई' और 'भगवती देवी' के लिए भी रंगीन चित्र दिए गए। अच्छे कागज़ पर डबल स्पेस देकर मुद्रित करने पर यह पुस्तक पहले की अपेक्षा बहुत ही आकर्षक हो गई। इस दूसरे संस्करण में भी सम्पादक के रूप में रामचन्द्र शुक्ल का नाम बना रहा। सम्पादक और लेखिका की भूमिकाएँ पहले संस्करण वाली ही बनी रहीं। लेकिन प्रकाशन की ओर से 'धन्यवाद प्रदान' का एक नया अंश जोड़ दिया गया। धन्यवाद प्रदान करते हुए प्रकाशक ने लिखा, 'कुसुम संग्रह कैसी पुस्तक है और हिन्दी संसार ने इसका कितना आदर किया है, इस पर हमें कुछ कहना नहीं है। यह तो पुस्तक के अन्त में दी हुई कुछ सम्मतियों से ही विदित हो जाएगा।

'हमें इस समय केवल तीन सज्जनों को धन्यवाद देना है। हम अपने प्रथम धन्यवाद की पात्री श्रीमती बंग महिला को समझते हैं जिन्होंने एक बंग महिला होकर

भी हिन्दी के प्रति इतना प्रेम दिखलाया है। इस भाषा में आपका कितना प्रवेश है, यह पाठकों को प्रस्तुत पुस्तक पढ़कर ही ज्ञात हो जाएगा। हिन्दी भाषा की तो पूरी उन्नति तभी होगी जबकि बंग महिला जैसी भारत की ललनाएँ भी इसके भण्डार की पूर्ति के लिए प्रयत्नशील हो जाएँ।

'हमारे दूसरे धन्यवाद की पात्री संयुक्त-प्रान्त की सरकार है, जिसने इस पुस्तक को अपने यहाँ की उपहार पुस्तकों और पुस्तकालयों (Prize Books and Libraries) के लिए स्वीकृत किया है।

'अन्त में हम पं. केदारनाथ पाठक को भी धन्यवाद दिए बिना नहीं रह सकते जिनके असीम अनुग्रह से हमें प्रस्तुत पुस्तक पुनः प्रकाशनार्थ प्राप्त हुई।'

कुसुम संग्रह के इस नए संस्करण में बंग महिला की मौलिक रचनाएँ नहीं छपीं। प्रथम संस्करण वाली पुस्तक में जितनी अनूदित रचनाएँ थीं केवल वे ही नए संस्करण में प्रकाशित की गईं। 1922 तक की दूसरी अनूदित रचनाएँ भी इसमें सम्मिलित नहीं की गईं। प्रथम संस्करण के प्रकाशन के बाद बंग महिला की तमाम दूसरी मौलिक और अनूदित रचनाएँ पत्र-पत्रिकाओं में आईं। सन् 1915 की सरस्वती में उनकी दो अनूदित कहानियाँ प्रकाशित हुईं। फरवरी वाले अंक में 'हृदय-परीक्षा' और मई वाले अंक में 'मन की दृढ़ता' शीर्षक कहानियाँ काफी चर्चित रहीं, लेकिन 'कुसुम संग्रह' के नए संस्करण में इन्हें भी नहीं सम्मिलित किया गया। इस नए संस्करण में इतना अवश्य किया गया कि 'कुसुम संग्रह' के प्रथम प्रकाशन के बाद तद्युगीन पत्र-पत्रिकाओं अथवा साहित्यकारों ने अपनी जो प्रतिक्रियाएँ दी थीं उनमें से कुछ महत्त्वपूर्ण प्रतिक्रियाओं का संक्षिप्तांश पुस्तक के अन्त में परिशिष्ट 'ख' के अन्तर्गत दे दिया गया है।

पुस्तक पर आईं कुछ सम्मतियाँ परिशिष्ट (ख) के अन्तर्गत निम्नलिखित हैं—

1. काशी की नागरी प्रचारिणी सभा ने अपने 19वें वर्ष के कार्य-विवरण में 'कुसुम संग्रह' की गणना उत्तम पुस्तकों में करके इसका गौरव बढ़ाया है।
2. The book will form an admirable Prize-book in girls schools......we repeat that the book will form a nice and useful present to females. It is no less interesting to the general readers. —The Modern Review.
3. The language of the book is excellent and the subjects treated are also very useful.

   —Major B.D. Basu, I.M.S. (Retired) Editor
   The Sacred Books of Hindu Series.
4. कहानियाँ और लेख मनोरंजक और उत्तम हैं।—बिहार बन्धु।
5. निबन्ध सुपाठ्य और उपयोगी हैं। कागज़ और छपाई भी अच्छी है।

—भारत मित्र

6. कुसुम संग्रह मेरे बहुत पसन्द है।—सत्यदेव (परिब्राजक)
7. पुस्तक बहुत पसन्द आई, उपयोगी पुस्तक है।—मैथिलीशरण गुप्त।
8. गल्प सब सुन्दर हैं। लेखन-शैली सरस और सरल है। पुस्तक सर्वथा सोद्देश्य और उपयोगी है। स्त्रियों को उपहार देने योग्य है।—इन्दु
9. हिन्दी-साहित्य-भण्डार में अनोखी वस्तु है। लेख पढ़ने योग्य, बहुत ही रोचक और शिक्षाप्रद हैं। स्त्री-शिक्षा सम्बन्धी लेख तो बहुत ही उत्तम हैं।—लक्ष्मी
10. लेखन-शैली उत्तम है।…पात्रों का चरित्र-चित्र देखकर बड़ी खुशी होती है। पुस्तक बड़ी उत्तमता से…छापी गई है।—जासूस
11. कुसुम संग्रह के…कुसुम बहुत ही मुग्ध करते हैं। इन फूलों का आघ्राण हिन्दी के रसिक पाठकों को अवश्य लेना चाहिए।—हिन्दी बंगवासी।
12. यह संग्रह यथार्थ में कुसुम संग्रह है।…इस संग्रह के एक ही बार पढ़ लेने से कोई सन्तुष्ट हो जाए यह कदापि सम्भव नहीं। एक बार समाप्त कर फिर पढ़ने की लालसा बनी रह जाती है। प्रत्येक गृहस्थी में इसकी एक प्रति अवश्य रहनी चाहिए।—भारत-जीवन।
13. कुसुम संग्रह का समालोचना-भार पाकर हम अपने को सचमुच बड़भागी समझते हैं। इस संग्रह में आपके अच्छे-अच्छे लेखों का संग्रह है। उसमें से बहुत सी मन लुभाने वाली आख्यायिकाएँ हैं, बहुत सी स्त्री-शिक्षा सम्बन्धी उपदेश मालाएँ हैं और बाकी सब विविध विषयों पर हैं।…और अधिक स्तुति हम आवश्यक नहीं समझते।…कुसुम संग्रह में कविता नहीं …पर…प्रत्येक गद्य-पृष्ठ से कविता का मधुर रस चू रहा है।—गृहलक्ष्मी।
14. सच्चे सामाजिक उपन्यासों के भण्डार की पूर्ति ऐसी ही पुस्तकों से हो सकती है।…इसमें ऐसी शिक्षाप्रद आख्यायिकाओं का समावेश है जिसको पढ़कर साधारण तथा सभी स्त्रियों के आदर्श उच्च हो सकते हैं और सामाजिक जीवन प्रशस्त जीवन बन सकता है।…स्त्रियों को चाहिए कि ऐसी पुस्तकों का अध्ययन किया करें। भाषा सरल है, जिससे लेखिका का उद्योग भली भाँति पूर्ण हो गया है। छपाई बहुत ही अच्छी है।

—नवजीवन

उपर्युक्त पत्र-पत्रिकाओं और साहित्यकारों की प्रतिक्रियाओं के अलावा इस पुस्तक पर और भी समीक्षाएँ और प्रतिक्रियाएँ हुई थीं पर प्रकाशक द्वारा उन सारी प्रतिक्रियाओं को दुहराया जाना न प्रासंगिक था न जरूरी। यहाँ लम्बी प्रतिक्रियाओं का संक्षिप्तीकरण ही आवश्यक था क्योंकि इतने से ही इस पुस्तक की साहित्यिक उपयोगिता का आभास अच्छी तरह मिल रहा था तथा तद्‌युगीन साहित्यिक कृतियों

में इस पुस्तक की धुरीधारिता साफ प्रमाणित हो रही थी।

कुसुम संग्रह के नए संस्करण ने बंग महिला का लेखन-संन्यास तोड़ दिया। यह सारी युक्ति पं. केदारनाथ पाठक की थी। लेखकीय परिवेश से पाँच वर्षों तक निर्वासित साहित्यकार को उन्होंने वापस बुला लिया। जो महिला नामकरण के पूर्व ही अपने दो पुत्रों को जल-प्रवाह देकर पुत्रहीना हो गई थी और पति की अकाल मृत्यु के कारण असमय विधवा हो गई थी उसके जीवन में निराशा और अवसाद का घना अन्धकार छा जाना न अस्वाभाविक था और न आकस्मिक। पाठक जी भली भाँति जानते थे कि बंग महिला के जीवन में परिव्याप्त कुहासा तोड़ने के लिए केवल साहित्य का प्रकाश ही एकमात्र उपाय था। इसलिए उन्होंने इस उपाय का भरपूर प्रयोग किया जिसका फल अनुकूल ही रहा। बंग महिला एक बार फिर रचनाशीलता के माहौल से जुड़ गईं। उनका एकान्त टूट गया और साहित्यकारों से मिलने-जुलने के माध्यम से वे अपनी गहन-पीड़ा भुलने लगीं। लेखन करने से लेकर जमींदारी के कार्य सम्हालने तक ये सक्रिय हो गईं। कभी गाँवों में रहतीं, कभी माता के साथ मीरजापुर शहर में और कभी साहित्यिक सुयोग के लिए काशीवास करतीं। अब ये सामाजिक कार्यों में भी हिस्सा लेने लगीं। इनकी सामाजिक कार्य-कुशलता के सन्दर्भ में एक घटना अत्यन्त उल्लेखनीय है।

सन् 1932 की बात है। मीरजापुर शहर से 6 किमी. पश्चिम विन्ध्याचल में बंगाली समाज का एक सम्मेलन आयोजित किया गया। इस सम्मेलन में राष्ट्रभाषा हिन्दी, नारी-शिक्षा और देश की स्वतंत्रता में बंग-नारियों के योगदान पर गम्भीरतापूर्वक विचार-विमर्श होने वाला था। पहले से ही तय था कि सम्मेलन में स्वीकृत नीतियों को बंग महिला सक्रिय रूप से चरितार्थ करेंगी। उस समय तक श्रीमती राजेन्द्र बाला घोष (बंग महिला) इन सभी राष्ट्रीय मुद्दों को लेकर लेखन करने के कारण काफी प्रसिद्ध हो चुकी थीं। इसलिए उक्त सम्मेलन उन्हीं के गृह-नगर में करना निश्चित किया गया था।

इस सम्मेलन में लगभग एक हज़ार बंगाली प्रतिनिधि दूसरी जगहों से आए थे। सम्मेलन का आयोजन स्थानीय राजकीय हाईस्कूल के हेडमास्टर श्री ज्ञानचन्द मुखर्जी, भूगोल के अध्यापक श्री श्रीशचन्द बनर्जी और बंग महिला के अनुज श्रीराम यादव घोष ने किया था। मुखर्जी साहब के नेतृत्व में आर्थिक संग्रह बड़े अच्छे पैमाने पर किया गया। आर्थिक व्यवस्था हो जाने पर लगभग पन्द्रह सौ लोगों के लिए भोजन और जलपान की व्यवस्था करने का प्रश्न उठा। श्री श्रीशचन्द ने इस व्यवस्था के लिए बंग महिला के नाम का प्रस्ताव रखा। वैचारिक स्तर पर मुखर्जी को बंग महिला का सहयोग तो प्राप्त था ही व्यवस्था में भी उनके सहयोग की सम्भावना से उन्हें बड़ी प्रसन्नता हुई। हालाँकि बंग महिला के भाइयों को इस बात में सन्देह था कि बंग महिला सम्मेलन में आए हुए प्रतिनिधियों को सुचारु रूप से समय पर जलपान

और भोजन दे पाएँगी, परन्तु बंग महिला को यह काम हस्तामलक-सा दिखाई पड़ा।

उक्त सम्मेलन का आयोजन नवम्बर महीने में किया गया। नवम्बर में मीरजापुर के पार्श्वस्थ विन्ध्याचल की पहाड़ियाँ स्वास्थ्य के लिए अमृतधारिणी हो जाती हैं। गेरुआ तालाब का सम्पूर्ण परिवेश स्वास्थ्य-उपादानों से लबालब भर जाता है। उन्मुक्त प्रकृति की विन्ध्याचली गोद मानसिक तोष, चिन्तन और उल्लास के लिए अत्यन्त उपयुक्त बन उठती है। पूरे वातावरण में स्वास्थ्य की अनुकूलताएँ और अनुभूति की निस्सीमताएँ आछोर फैली हुई होती हैं। इसलिए सम्मेलन के लिए राजा साहब अमेठी का उद्यान और उनका अतिथिगृह उपयुक्त समझा गया। इसके लिए राजा साहब की अनुमति आसानी से मिल गई। यह उद्यान और अतिथि गृह विन्ध्याचल के बाहरी क्षेत्र में विद्यमान था।

मीरजापुर जनपद में बंगालियों का यह ऐतिहासिक सम्मेलन नियत समय पर शुरू हुआ। बंग महिला अपने निर्देशन-चातुर्य और प्रबन्ध कुशलता के कारण बड़े सुचारु रूप से जलपान और भोजन की व्यवस्था करने लगीं। पिता की जमींदारी सम्हालने का अनुभव प्रतिफलित होने लगा। कहीं जरा भी न दोष और न शिकायत। लोग इनकी व्यवस्था देखकर दंग रह गए। सम्मेलन में भाग लेने वाले अधिकांश प्रतिनिधियों ने बंग महिला की लेखनी-शक्ति देखी थी। वे लोग उसी पर विस्मित रहा करते थे। अब उन लोगों ने उनकी शारीरिक-शक्ति और मनोबल की दृढ़ता भी देखी। इस सम्मेलन में नारियों की संख्या अधिक थी।

बंग महिला ने सम्मेलन में उपस्थित प्रतिनिधियों को धन्यवाद दिया। कुछ बंगला और कुछ हिन्दी बोलते हुए अपने देश में राष्ट्रभाषा के स्वतंत्र स्वरूप की स्थापना की अपील की। बंग महिला ने लाट्स महोदय को देने के लिए लिखी गई अपनी कविता का निम्नलिखित खण्ड पढ़ते हुए सभा का समापन किया। कविता खण्ड इस प्रकार था–

*माता समा राष्ट्रभाषा जे जाति बुझे छे सार।*
*सो जाति हो येछे श्रेष्ठ सृष्टि माझे विधातार।।*
*एइ महोद्देश्य ब्रत*
*जाहार साधने रत*
*ताहाराइ धरा माझे लभियाछे उच्च स्थान।*
*स्वदेशी विदेशी काछे पाइछे विपुल मान।।*

इस सभा में बंग महिला ने नारी-शिक्षा और नारी स्वतंत्रता का भी प्रश्न उठाया और बतलाया कि नारियों के सक्रिय सहयोग के बिना अपने देश में लड़ा जाने वाला स्वतंत्रता-संग्राम अधूरा रहेगा।

सन् 1947 में बंग महिला काशी गई हुई थीं। आजादी की लड़ाई में काशी

की भूमिका बहुत महत्त्वपूर्ण रही थी। यह बिलकुल स्वाभाविक था कि स्वतंत्रता-प्राप्ति का उल्लास वहाँ अन्य स्थानों की अपेक्षा अधिक होता। स्वतंत्रता-प्राप्ति के जनोल्लास को बंग महिला काशी में ही देखना चाहती थीं। इसलिए ये कुछ दिनों के लिए काशी वाले मकान में चली गईं। दुःसंयोगवश उनकी यह यात्रा अन्तिम काशी-यात्रा सिद्ध हुई।

काशी आकर बंग महिला नियमानुसार नित्य प्रातः गंगा स्नान करने लग गईं। इनके मकान से दशाश्वमेध घाट नजदीक पड़ता था। इसलिए बड़े तड़के ये इसी घाट पर नहाने जाया करती थीं। दुर्भाग्यवश एक दिन एक दुर्घटना का शिकार हो गईं। जाड़े का महीना था। ये भोर में ही गंगा स्नान के लिए जा रही थीं। ज्योंही ये गोदौलिया के पास पहुँचीं एक बहुत बड़े सांड ने इन्हें सींग पर उठाकर सड़क पर पटक दिया। 65 वर्षीया बंग महिला के लिए यह आघात मारक सिद्ध हुआ। उनके एक पैर की हड्डी टूट गई। वहीं सड़क पर ये बेहोश हो गईं।

दशाश्वमेध घाट पर स्नान करने वाले दूसरे कई लोग बंग महिला को भली भाँति जानते थे। इन्हें बेहोश देखकर वे लोग इन्हें समीपस्थ अस्पताल ले गए और वहीं भर्ती करा दिया। ये दो महीने अस्पताल में पड़ी रहीं परन्तु पैर की टूटी हड्डी जुड़ न सकी। वृद्धावस्था का उपेक्षित शरीर बहुत साथ देता हुआ नहीं दिखलाई पड़ा। अस्पताल में लाभ न होता हुआ देखकर इनके भाई इन्हें मीरजापुर ले आए। पैर की हड्डी का फिर से जुड़ जाने की आशा खत्म हो चुकी थी केवल कुछ देशी उपचार किए जा रहे थे।

जीवन के आखिरी वक्त में इनका स्वच्छन्द गंगा स्नान छूट गया। वे अपनी इस दुर्नियति को किसी पाप का फल मानते हुए जीवन के शेष दिन कष्ट के साथ काटने लगीं। हालाँकि इनके जीवन के अन्तिम दो वर्ष बड़े त्रासद रहे, फिर भी वे न काल की क्रूरताओं से डरी थीं और न ही नियति की विपरीतताओं से ऊबी ही थीं। जिन्दगी के बाकी बचे दिनों को सहजतापूर्वक ढोते हुए वे उपराम बनी रहतीं।

परन्तु चाहे वह रोईं अथवा नहीं रोईं परन्तु मृत्यु आई और अपना अत्यन्त कराल रूप लेकर आई। बंग महिला को लेने के लिए आई हुई मृत्यु पूरे वर्ष इनके घर में टिक गई। न जाने बंग महिला की आत्मा में कितनी आत्माएँ समाहित थीं। इनकी मृत्यु क्या हुई, घर में मृत्यु का ताँता लग गया। एक कहावत (कितनी ही भद्दी क्यों न हो)–'बुढ़िया के मरने का डर नहीं मौत के घर देखने का डर है'–चरितार्थ हो गई। 24 फरवरी, सन् 1949 को बंग महिला की मृत्यु हुई थी। बस क्या था, सन् 1949 इनके घर पर मौत का पहाड़ बनकर टूट पड़ा। 28 जून, सन् 1949 को इनके नौजवान भतीजे शचीन्द्र नाथ घोष की मृत्यु, 19 नवम्बर, सन् 1949 को इनके भाई श्री रामयादव घोष की मृत्यु, 14 दिसम्बर, 1949 को एक भतीजी

की मृत्यु और 15 दिसम्बर, 1949 को इनके दूसरे भाई श्री राम गोपाल घोष की मृत्यु हो गई। पूरा परिवार मौत की विभीषिका से आक्रान्त हो उठा। एक भाई श्री रामेन्द्र कृष्ण घोष की मृत्यु पहले ही हो चुकी थी। अब बच गए थे इनके एक भाई श्री राम केशव घोष जो सबसे छोटे भाई थे।

कितने आश्चर्य की बात थी कि बंग महिला के मरते ही सारा परिवार वीरान हो गया जैसे वे घोष-परिवार की आयु रही हों। सन् 1932 के बाद उनके परिवार में मृत्यु 19 वर्षों तक प्रवेश नहीं करने पाई थी। जैसे इन 19 वर्षों में वे मृत्यु की राह रोके खड़ी थीं और इनके धराशायी होते ही मृत्यु को उनके परिवार में हंगामा मचाने का अवसर मिल गया। कितना अजीब था कि इनके ससुराल का भी सारा परिवार मौत के निरंकुश बाढ़ में अन्तर्लीन हो गया था। इनके पति पी. सी. डे नौ भाई थे और सबके सब असमय मृत्यु-पात्री बन चुके थे। किसी की कोई सन्तान तक न बची।

मकान गिरते हैं, कुछ ईंट-पत्थर के टूटे-फूटे टुकड़े छोड़ जाते हैं। मलबा ही सही लेकिन मकान होने का सबूत बचा रह जाता है। लेकिन बंग महिला के पति-परिवार की एक-एक शिनाख्त छिन गई। यदि कुछ बचा तो बंग महिला का लेखन। शायद यह इतनी बड़ी निशानी है जो आने वाले अनेक वर्षों तक बनी रहेगी। मौत को यहाँ हारना पड़ा है। अगर बंग महिला का लेखन बेहद धारदार और जानदार न होता तो यह भी काल के तीव्र प्रवाह में बह गया होता। लेकिन सब कुछ ध्वस्त करके भी काल की क्रूर धारा बंग महिला के लेखकीय व्यक्तित्व को आत्मलीन नहीं कर सकती।

# बंग महिला : हिन्दी की प्रथम कहानीकार

यह बड़ा स्वाभाविक था कि आचार्य रामचन्द्र शुक्ल हिन्दी की प्रथम मौलिक कहानी का प्रश्न 'हिन्दी साहित्य का इतिहास' में उठाते क्योंकि वे स्वयं हिन्दी साहित्य का प्रथम मौलिक इतिहास लिख रहे थे। हिन्दी की प्रथम मौलिक कहानी को लेकर शुक्ल जी की दृष्टि बिलकुल साफ थी। पहली मौलिक कहानी के निर्णय के लिए उन्होंने तीन प्रकार के मानदण्ड अपनाए जो उस समय के लिए कुछ हद तक सही दृष्टिकोण था। उन्होंने लिखा—'अंग्रेज़ी की मासिक पत्रिकाओं में जैसी छोटी-छोटी आख्यायिकाएँ या कहानियाँ निकला करती हैं, वैसी कहानियों की रचना 'गल्प' के नाम से बंग-भाषा में चल पड़ी थी। ये कहानियाँ जीवन के बड़े मार्मिक और भाव-व्यंजक खण्ड चित्रों के रूप में होती थीं। द्वितीय उत्थान की सारी प्रवृत्तियों का आभास लेकर प्रकट होने वाली 'सरस्वती' पत्रिका में इस प्रकार की छोटी कहानियों के दर्शन होने लगे। 'सरस्वती' के प्रथम वर्ष (सं. 1957) में ही पं. किशोरी लाल गोस्वामी की 'इन्दुमती' नाम की कहानी छपी जो मौलिक जान पड़ती है। इसके उपरान्त तो उसमें कहानियाँ बराबर निकलती रहीं पर अधिकतर बंग भाषा से अनूदित या छाया लेकर लिखी होती थीं। उसके उपरान्त बंग महिला का स्थान है जो मीरजापुर निवासी प्रतिष्ठित बंगाली सज्जन बाबू राम प्रसन्न घोष की पुत्री और बाबू पूर्ण चन्द्र की धर्मपत्नी थीं। उन्होंने बहुत सी कहानियों का बँगला से अनुवाद तो किया ही, हिन्दी में कुछ मौलिक कहानियाँ भी लिखीं जिनमें से एक थी 'दुलाईवाली' जो सं. 1964 की सरस्वती (भाग 8 सं. 5) में प्रकाशित हुई।'

कहानियों का आरम्भ कहाँ से मानना चाहिए यह देखने के लिए सरस्वती में प्रकाशित कुछ मौलिक कहानियों के नाम वर्ष-क्रम से नीचे दिए जाते हैं—

| | |
|---|---|
| इन्दुमती (किशोरी लाल गोस्वामी) | सं. 1957 |
| गुलबहार (किशोरी लाल गोस्वामी) | सं. 1959 |
| प्लेग की चुड़ैल (मास्टर भगवानदास, मीरजापुर) | सं. 1959 |

ग्यारह वर्ष का समय (रामचन्द्र शुक्ल) सं. 1960
पंडित और पंडितानी (गिरिजादत्त वाजपेयी) सं. 1960
दुलाईवाली (बंग महिला) सं. 1964

इनमें यदि मार्मिकता की दृष्टि से भाव प्रधान कहानियों को चुनें तो तीन मिलती हैं—'इन्दुमती', 'ग्यारह वर्ष का समय' और 'दुलाईवाली'। यदि 'इन्दुमती' किसी बँगला कहानी की छाया नहीं है तो हिन्दी की पहली मौलिक कहानी ठहरती है। इसके उपरान्त 'ग्यारह वर्ष का समय' फिर 'दुलाईवाली' का नम्बर आता है।

'हिन्दी साहित्य का इतिहास' से उद्धृत शुक्ल जी के इस कथन में प्रथम मौलिक कहानी के लिए अपनाए गए उनके तीनों दृष्टिकोण साफगोई के साथ व्यक्त किए गए हैं। शुक्ल जी का प्रथम मानदण्ड 'सरस्वती' दूसरा 'कालक्रम' और तीसरा 'मार्मिकता' की दृष्टि से भाव प्रधानता। 'सरस्वती' के लिए शुक्ल जी के हृदय में काफी सम्मान था। उन्होंने बड़ी ईमानदारीपूर्वक अपने सम्मान का कारण भी दे दिया है, यानी 'सरस्वती' द्वितीय उत्थान की सारी प्रवृत्तियों का प्रतिनिधित्व करने वाली पत्रिका थी और डॉ. श्याम सुन्दर दास अथवा पं. महावीर प्रसाद द्विवेदी जैसे साहित्य के शलाका-पुरुष इसका सम्पादन कर रहे थे। जिस प्रकार प्रथम उत्थान में भारतेन्दु बाबू हरिश्चन्द्र द्वारा किसी रचना का चुन लिया जाना निर्णायक सिद्धान्त था, उसी प्रकार द्वितीय उत्थान में दोनों साहित्य निर्णायकों का चुनाव सही, मौलिक और सर्वमान्य हो सकता था। कथ्य के वैविध्य, रचनात्मक प्रयोग और लेखकीय सहयोग की दृष्टि से भी 'सरस्वती' का महत्त्व अन्य पत्रिकाओं से बहुत अधिक था। यही कारण रहा होगा कि आचार्य शुक्ल ने पहली मौलिक कहानी के चुनाव में 'सरस्वती' पत्रिका का ही एकमात्र आधार लिया। यह भले ही कहा जाए कि शुक्ल जी ने सरस्वती को महत्त्व अपने पूर्वग्रह के कारण दिया था लेकिन कुल मिलाकर कहना पड़ेगा कि उनकी धारणा अकारण नहीं थी।

जहाँ तक शुक्ल जी के दूसरे मानदण्ड 'उपरान्तता' का प्रश्न है, इसके सम्बन्ध में यही कहना सही होगा कि आज से 50 वर्ष पूर्व 'हिन्दी साहित्य का इतिहास' लिखते समय किसी रचना को मौलिक घोषित करने में वर्ष-क्रम का ध्यान नितान्त आवश्यक था। उस समय तक कहानी के लिए कोई निश्चित प्रतिमान नहीं बन सका था। अपनी किन विशेषताओं और वैयक्तिकताओं के कारण कोई रचना कहानी हो सकती है, इसका अलगाव उस समय तक बिलकुल नहीं हो सका था। 'सरस्वती' में आख्यायिका शीर्षक के अन्तर्गत जो रचनाएँ छपती रहीं वे ही कहानी के नाम से स्वीकृत की गईं। इसलिए शुक्ल जी ने 'सरस्वती' के प्रकाशन-काल से लेकर अगले सात-आठ वर्षों तक उसमें प्रकाशित आख्यायिकाओं पर विचार किया और सन् 1900 में छपी 'इन्दुमती' को 'प्रथम मौलिक कहानी जान पड़ना' घोषित किया। 'जान पड़ना' इसलिए कि तद्‌युगीन तमाम लेखकों में किशोरी लाल गोस्वामी भी एक ऐसे लेखक

थे जिन्होंने दूसरी भाषा की रचनाओं के आधार पर बहुत कुछ लिखा था, पर रचना-स्रोतों का जिक्र नहीं किया था। शायद यही कारण था कि बंग महिला ने अपने निबन्ध 'हिन्दी के ग्रन्थकार' में गोस्वामी जी की इस प्रवृत्ति की निन्दा की थी। जान पड़ने को और अधिक साफ करने के लिए शुक्ल जी को लिखना पड़ा था, 'यदि इन्दुमती किसी बँगला कहानी की छाया नहीं है तो हिन्दी की यही पहली मौलिक कहानी ठहरती है।' शुक्ल जी ने 'यदि' का प्रयोग क्यों किया, इसको वे लोग नहीं जान सकते हैं जिन्होंने तद्‌युगीन लेखकों की अलग-अलग प्रवृत्ति को समझने की कोशिश नहीं की है। यह कहना पूर्णतया गलत और भ्रामक है कि 'आचार्य शुक्ल ने 'यदि' के द्वारा अप्रत्यक्ष रूप से 'इन्दुमती' के स्थान पर 'ग्यारह वर्ष का समय' या 'दुलाईवाली' को प्रतिष्ठापित करने का प्रयत्न किया है। चूँकि वह स्वयं 'ग्यारह वर्ष का समय' के लेखक थे अतएव प्रत्यक्ष रूप से नहीं कह पाए।' (सारिका, फरवरी 1968, वर्ष 8, पूर्णांक 86, पृ. 18) 'हिन्दी की पहली कहानी : एक महत्त्वपूर्ण प्रश्न' के लेखक देवी प्रसाद वर्मा हैं। सब कुछ होते हुए भी देवी प्रसाद वर्मा की यह भ्रामक बात एक अर्थ में चिन्त्य नहीं मानी जा सकती। लेकिन डॉ. बच्चन सिंह का यह कथन 'यह तो शुक्ल जी जानें और वर्मा जी' (सारिका, दिसम्बर 1976, पृ. 72) निश्चित रूप से चिन्त्य है। हालाँकि बच्चन सिंह ने व्यंग्य की एक महीन मार करते हुए ही यह बात लिखी है लेकिन ऐसा करके भी उन्होंने अपने लेखकीय दायित्व को गम्भीरता नहीं प्रदान की। एक प्रतिष्ठित लेखक होने के नाते डॉ. सिंह को ही यह जानना चाहिए था और उन तमाम लोगों को सही जानकारी देनी चाहिए थी, जो केवल पाठकीय दायित्व के कारण ही कोई पत्रिका अथवा पुस्तक पढ़ते हैं। सन् 1929 में 'हिन्दी साहित्य का इतिहास' लिखते समय साहित्य की किसी विधा की प्रथम रचना को प्रथम और मौलिक घोषित करने में 'वर्ष-क्रम' का बहुत अधिक महत्त्व था। खासतौर से इसलिए कि उस समय कहानी विधा की रचना-मानसिकता और शिल्प-विधि के लिए कोई निश्चित प्रतिमान नहीं बन सका था।

मौलिक कहानियों के चयन में शुक्ल जी ने एक तीसरी दृष्टि भी अपनाई है, यानी मार्मिकता की दृष्टि से भाव-प्रधानता। यहाँ तीसरी कसौटी बड़ी मनोवैज्ञानिक और समीक्षा की दृष्टि से सम्पन्न थी। इसी मानदण्ड के तहत उन्होंने बहुत-सी असंगठित और किस्साई कहानियों को मूल्यांकन की परिधि से बाहर कर दिया था और केवल उन्हीं कहानियों का मूल्य स्वीकार किया था जिनमें 'शैली की मार्मिकता और कथ्य की भाव-प्रधानता' विद्यमान थी। हालाँकि शुक्ल जी की भाव-प्रधानता बहुत कुछ रस-संयोजन पर आधृत थी जिसमें उन्होंने शृंगार और सौन्दर्य को ज्यादा वरीयता दी थी और मार्मिकता के अन्तर्गत शिल्प-वैशिष्ट्य के साथ आदर्शात्मक लक्ष्य को ही प्रमुख माना था, फिर भी शुक्ल जी ने मौलिक कहानियों के रूप में जिनका चयन

किया था उनमें विवाद और विरोध का आस्पद नहीं के बराबर ही था। शुक्ल जी के समीक्षा-सिद्धान्त को देखते हुए यह कहा जा सकता है कि वे अपनी पूर्वनिश्चित धारणाओं के अनुसार ही किसी रचना का गुण-दोष परखते थे, परन्तु जिन रचनाओं की परख वे करते थे उनमें उनकी दृष्टि पूर्णतया तटस्थ और पक्षधरता से रहित होती थी। इसलिए 'इन्दुमती', 'ग्यारह वर्ष का समय' और 'दुलाईवाली' कहानियों को मौलिक कहानियाँ घोषित करने में शुक्ल जी को अतटस्थ अथवा पक्षधर अथवा दुर्भावनाग्रस्त नहीं कहा जा सकता। यह बात दूसरी है कि वे पहली मौलिक कहानी की सही-सही जानकारी नहीं ले पाए थे और प्रकट रूप से जो कुछ सामग्री उन्हें उपलब्ध थी उसी के आधार पर उन्होंने निर्णय दे दिया था। उन्होंने बड़ी साहसिकता और सच्चाईपूर्वक स्वीकार किया था, 'वर्तमान काल के अनेक प्रतिभा सम्पन्न और प्रभावशाली लेखकों और कवियों के नाम जल्दी में या भूल से छूट गए होंगे। इसके लिए उनसे तथा उनसे भी अधिक उनकी कृतियों से विशेष-रूप से परिचित महानुभावों से क्षमा की प्रार्थना है। यह पुस्तक जल्दी तैयार करनी पड़ी है, इससे इसका जो रूप रखना चाहता था, इसे पूरा-पूरा नहीं प्राप्त हो सका है।' (हिन्दी साहित्य का इतिहास–प्रथम संस्करण का वक्तव्य, पृ. 6)

आचार्य शुक्ल के इस दो टूक वक्तव्य को देखते हुए यह कहना कितना गैरजानकारीपूर्ण प्रतीत होता है कि 'ग्यारह वर्ष का समय' को पहली मौलिक कहानी घोषित करने में शुक्ल जी ने चतुराई अथवा आत्मरति दिखलाई है। अपनी उपलब्ध जानकारी के अनुसार उन्होंने कहानियों के बारे में जो कुछ लिखा है वह वास्तव में बहुत उपादेय है। 20वीं शताब्दी के पहले दशक में कहानियों को साहित्यकारों से काफी संघर्ष करना पड़ा था। उस समय निबन्ध, कविता, नाटक और उपन्यास की रचना को ही साहित्यिक दायित्व-बोध मानने वाले साहित्यकारों ने कहानी को महत्त्व दिया ही नहीं था। कितने आश्चर्य की बात है कि तत्कालीन बड़े साहित्यकार कवि हैं, नाटककार हैं, उपन्यासकार हैं और इससे भी कहीं आगे कोई-कोई आलोचक भी हैं, परन्तु कहानीकार नहीं हैं। उन्हें लग रहा था कि कहानियों में हिन्दी रचनाशीलता की मौलिकता नहीं उभारी जा सकती थी। कवि, नाटककार, निबन्धकार और आलोचक 'प्रेमघन' ने सन् 1908 में लिखा, 'कुछ परिश्रम स्वीकार कर मस्तिष्क लड़ा विशुद्ध भाषा और भाव के संग विद्या और शिक्षा लाने से भाषा का उपकार सम्भव है, न कि केवल ऐसी कहानियों के लिख डालने से जैसा कि लोग प्रायः जबानी कहा करते हैं और जिनके पढ़ डालने के पीछे नेत्रों के कुछ कष्ट होने या समय व्यर्थ जाने के अतिरिक्त पाठकों को और कुछ लाभ न हो।' (आनन्द कादम्बिनी माला 8, मेघ 1 और 2, चैत्र वैशाख वै. 1965, पृ. 5)

उस समय कहानी रचना के लिए हिन्दी साहित्य के प्रथम आलोचक की धारणा साफ-साफ देखी जा सकती है। यह केवल 'प्रेमघन' की धारणा नहीं थी बल्कि यह

बात उन्होंने अपने युग के तमाम साहित्यकारों की ओर से कही थी। ऐसी स्थिति में पहली मौलिक कहानी के लिए पूर्ण रूप से निर्णायक कथन कर देना आसान नहीं था। साहित्य के इतिहास लेखक की निष्ठा से शुक्ल जी ने कुछ कहानियों को प्रथम मौलिक कहानी के रूप में प्रस्तुत किया था। ऐसा करके उन्होंने आनेवाली पीढ़ी को सोचने का एक सूत्र तो पकड़ा ही दिया था। युग-सापेक्षता को देखते हुए शुक्ल जी के विरोध में कुछ सोचना असंगत तो नहीं कहा जा सकता लेकिन यह तो नहीं सोचा जा सकता कि शुक्ल जी ने 'हिन्दी साहित्य का इतिहास' लिखने में जो कुछ किया वह गलत ही किया और इससे केवल भ्रान्ति ही भ्रान्ति खड़ी होती है। सही माने में इस सम्भावना से इनकार नहीं किया जा सकता कि यदि शुक्ल जी ने पहली बार हिन्दी-साहित्य का क्रमबद्ध और समीक्षात्मक स्वरूप न प्रस्तुत किया होता तो बाद के इतिहास लेखक इधर-उधर टटोलने के क्रम में कहीं और अधिक भ्रान्ति सृजित कर देते। जिन सन्दर्भों से शुक्ल जी वैयक्तिक स्तर पर जुड़े थे, उनके लेखन में भी उन्होंने पूरी प्रामाणिकता लाने की कोशिश की है। यह भले ही सही हो कि किन्हीं-किन्हीं सन्दर्भों में वे पूरी तरह कृतकार्य नहीं हो सके थे और ऐसा इसलिए कि उन्हें अपना इतिहास लिखने की जल्दी थी और वे इस इतिहास लेखन का उद्देश्य 'संग्रह' मानकर नहीं चले थे।

इस प्रकार मौलिक कहानी के निर्धारण में एक साथ बहुत सी बातें काम कर रही थीं—इतिहास लिखने की जल्दी, कहानियों के प्रति तद्‌युगीन साहित्यकारों की धारणाएँ, काल-क्रम की मर्यादा, निजी स्तर के समीक्षा-सिद्धान्त और लेखन-सामग्री की आसान उपलब्धि।

'हिन्दी साहित्य का इतिहास' में प्रथम मौलिक कहानी के रूप में 'एक टोकरी भर मिट्टी' अथवा 'सुभाषित रत्न' का नामोल्लेख न देखकर जैसा गुस्सा देवी प्रसाद वर्मा को हो आया है वैसा ही गुस्सा इतिहास-लेखन-काल के बहुत से साहित्यकारों को भी हुआ था। इस सन्दर्भ में एक उद्धरण देना काफी होगा, 'हिन्दी-साहित्य का इतिहास' का प्रथम संस्करण संवत् 1986 में हुआ था। उस समय आचार्य शुक्ल को इतनी प्रसिद्धि प्राप्त न हुई थी। मेरा भी उनसे प्रत्यक्ष परिचय न था। उक्त संस्करण में अनेक लेखकों और कवियों का उल्लेख न हो सका था। अपने मित्र पं. बद्रीनाथ भट्ट के नाम का उल्लेख उसमें न देखकर मैंने शुक्ल जी को एक पुर्जा लिखा तो न तो उन्होंने उसका कुछ उत्तर दिया और न पुस्तक में ही कुछ अंश बढ़ाया। इससे मुझे खेद हुआ।' (इतिहासकार आचार्य शुक्ल—लल्ली प्रसाद पाण्डेय)

हिन्दी की पहली मौलिक कहानी के सुनिश्चितीकरण में 'सारिका' कहानी-पत्रिका ने शोधात्मक और समीक्षात्मक स्तर पर एक आन्दोलन चलाया है जो कई दृष्टियों से महत्त्वपूर्ण है। इस समय तक कहानी कई सन्दर्भों से गुजर चुकी है और इसके मानक भी सुनिश्चित हो चुके हैं। इसलिए कहानी-समीक्षकों की सापेक्षिक दृष्टि तेज

हुई है। शोध-प्रवृत्ति को बढ़ावा मिला है और अभिव्यक्ति के माध्यमों में बढ़ोतरी हुई है। ऐसी स्थिति में 'सारिका' का आन्दोलन प्रामाणिकता की स्थापना में काफी सहायक सिद्ध हो सकता है। 'सारिका' ने इस आन्दोलन की शुरुआत फरवरी सन् 1968 में की। 'सारिका' के इस अंक में देवी प्रसाद वर्मा का लेख 'हिन्दी की पहली कहानी : एक महत्त्वपूर्ण प्रश्न' देते हुए सम्पादक ने टिप्पणी दी, 'हिन्दी की प्रथम मौलिक कहानी कौन-सी है ? हिन्दी शोधकर्ताओं ने इस प्रश्न का विवेचन पर्याप्त गम्भीरता से करने का प्रयास किया है। फिर भी बहुत कुछ अनदेखा रह जाना स्वाभाविक है। प्रायः किसी आचार्य ने जो कुछ इस सम्बन्ध में कह-लिख दिया, उसे आँख मूँदकर स्वीकार कर लिया गया। आचार्य रामचन्द्र शुक्ल ने किशोरी लाल की कहानी 'इन्दुमती' (सन् 1900) को इस शर्त पर हिन्दी की प्रथम मौलिक कहानी कहना स्वीकार किया कि यह 'किसी बँगला कहानी की छाया नहीं है।' 'इन्दुमती' के बाद आचार्य रामचन्द्र शुक्ल की कहानी 'ग्यारह वर्ष का समय' (1903) का ही क्रम आता है। बंग महिला की 'दुलाईवाली' (1911) तो काफी बाद की रचना है। शोधकर्ताओं ने 'इन्दुमती' पर शेक्सपीयर के नाटक 'द टेम्पेस्ट' का प्रभाव सिद्ध कर दिया। लेकिन उनका ध्यान एक और कहानी की ओर नहीं जा पाया। यह कहानी है स्व. माधव राव सप्रे की 'एक टोकरी भर मिट्टी' (जो यहाँ पुनः प्रकाशित की जा रही है)। सन् 1901 में प्रकाशित यह कहानी कालक्रमानुसार भी हिन्दी की प्रथम मौलिक कहानी ठहरती है (जबकि यह कह पाना तो अभी असम्भव ही है यह लिखी कब गई थी।) आचार्य लोग सप्रे जी की इस कहानी की ओर ध्यान न दे पाए, क्योंकि यह 'सरस्वती' में न छप कर 'छत्तीसगढ़ मित्र' में छपी थी। हिन्दी को अहिन्दी भाषी लेखकों का बराबर सहयोग प्राप्त होता रहा है। यह हिन्दी के लिए गर्व की बात है और हिन्दी की प्रथम मौलिक कहानी लिखने का श्रेय यदि मराठी भाषी सप्रे जी को जाता है, तो यह भी गर्व की ही बात होनी चाहिए...'।

सम्पादक की यह टिप्पणी देवी प्रसाद वर्मा के लेख को ध्यान में रखकर लिखी गई है, इसलिए इसमें अन्तर्विरोधों और भ्रान्तियों का होना अस्वाभाविक नहीं है। अन्तर्विरोधों के रूप में 'सम्पादकीय' में दिए गए दो वाक्यों का जायजा लिया जा सकता है। पहला वाक्य, 'हिन्दी शोधकर्ताओं ने इस प्रश्न का विवेचन पर्याप्त गम्भीरता से करने का प्रयास किया है।' दूसरा वाक्य, 'प्रायः किसी आचार्य ने जो कुछ इस सम्बन्ध में कह-लिख दिया, उसे आँख मूँदकर स्वीकार कर लिया गया।' 'अगर किसी आचार्य का लिखा आँख मूँदकर स्वीकार कर लिया गया' तब 'हिन्दी शोधकर्ताओं ने इस प्रश्न का विवेचन पर्याप्त गम्भीरता से करने का प्रयास' कैसे किया ? यदि टिप्पणीकार का हिन्दी शोधकर्ताओं से मतलब देवी प्रसाद वर्मा से है तब तो कुछ कहना ही नहीं है ! सम्पादकीय में 'दुलाईवाली' कहानी को सन् 1911 में प्रकाशित बतलाया गया है जो भ्रान्तिमूलक है क्योंकि इस कहानी का प्रकाशन मई सन् 1907

में हुआ था। इसी प्रकार इस सम्पादकीय टिप्पणी में कहानी लेखन के कालक्रम पर ही अधिक जोर दिया गया है, न कि कहानी के स्वतन्त्र व्यक्तित्व और शिल्प विधि पर। जब सम्पादक हिन्दी की प्रथम मौलिक कहानी का विश्वसनीय और प्रामाणिक शोध कराना चाहता है तो उसे यह कहने का क्या अधिकार है कि 'सन् 1901 में प्रकाशित यह कहानी (एक टोकरी भर मिट्टी) कालक्रमानुसार भी हिन्दी की प्रथम मौलिक कहानी ठहरती है।' यदि केवल समय-सापेक्षता को ही ध्यान में रखकर पहले और बाद के प्रकाशन के आधार पर 'पहली मौलिक कहानी' का निर्धारण किया जाएगा तो सन् 1903 में लिखित 'रानी केतकी की कहानी' प्रथम कहानी के रूप में सामने आ जाएगी और इसके बाद 'राजा भोज का सपना', 'स्वर्ग में विचार सभा', 'एक अद्‌भुत अपूर्व स्वप्न' आदि स्वप्न कहानियों को भी देखना पड़ेगा। 1 अप्रैल, सन् 1887 के 'हिन्दी प्रदीप' में प्रकाशित 'विचित्र स्वप्न' में तो कहानी-संवेदना का संस्पर्श काफी हद तक पाया जाता है। इन स्वप्न-माध्यम की कहानियों को प्रथम मौलिक कहानी के रूप में इसलिए नहीं लिया जाता है क्योंकि इसमें काव्यात्मकता और निबन्धात्मकता के साथ आदर्श-संयोजना को विशेष महत्त्व दिया गया है। प्रथम कहानी के चुनाव में तो सारा झगड़ा 'मौलिक' का है, यानी एक ऐसी कहानी जो अनूदित नहीं है और जिसमें कहानी-कला के वे सभी तत्त्व पहली बार प्रयुक्त हुए हों जिनका विकास आज की कहानियों में पाया जाता हो।

'एक टोकरी भर मिट्टी' को प्रथम मौलिक कहानी सिद्ध करने के लिए देवी प्रसाद वर्मा ने बहुत ही भ्रामक और अनुत्तरदायी बातें लिखी हैं। मसलन उन्होंने लिखा है, 'प्रस्तुत कहानी में हम दोष ढूँढ़ें, तो उसका एकमात्र दोष यह है कि उक्त कहानी (एक टोकरी भर मिट्टी) 'सरस्वती' में न छपकर 'छत्तीसगढ़ मित्र' में प्रकाशित हुई, क्योंकि स्व. सप्रे आचार्य शुक्ल या द्विवेदी जी के न तो कृपापात्र थे और न अन्य साहित्यकारों की तरह उनकी इंगित पर 'शुक पाठ' करते थे—बल्कि किसी सीमा तक उनके स्वस्थ विरोधी के रूप में थे। सम्भवतः यही कारण है कि 'एक टोकरी भर मिट्टी' उसी लामबन्दी का शिकार हो गई।'

उपर्युक्त सन्दर्भ में यह बतलाना आवश्यक हो गया है कि आचार्य महावीर प्रसाद द्विवेदी और माधव राव सप्रे के पारस्परिक सम्बन्ध बड़े ही सौहार्दपूर्ण रहे। द्विवेदी जी सप्रे जी को अधिक से अधिक प्रकाशित करने में रुचि रखते थे। उन्होंने सप्रे जी के लेख 'मि. जमशेदजी नसरवान जी ताता' पृ. 214, 'ब्रह्मदेश की स्त्रियाँ' पृ. 99, 'तिवत्त में एक जापानी' पृ. 160, 'इंग्लैण्ड की व्यापार नीति' दो अंकों में, पृ. 230 और पृ. 280, 'कासनामक' 'कासानोवा औद्योगिक शाला', पृ. 435 सरस्वती का सम्पादन-भार सम्हालते ही प्रकाशित किए। डॉ. श्याम सुन्दर दास भी सप्रे जी को प्रकाशित करने में रुचि रखते थे। 'सरस्वती' के तीन भागों तक उन्होंने सम्पादन कार्य किया था और अपने कार्य-काल में सप्रे जी के कई लेख प्रकाशित

किए थे—'नवाब सर सालारजंग बहादुर जी. सी. एस. आई.' (सरस्वती भाग 3, सं. 2, पृ. 60)। ऐसा भी नहीं हुआ कि द्विवेदी जी ने सप्रे जी को दो-एक वर्षों तक प्रकाशित करके आगे उनका प्रकाशन बन्द कर दिया था क्योंकि सप्रे जी उनके 'कृपापात्र' नहीं रह गए थे। इसके प्रमाण में 'सरस्वती' की तमाम फाइलें अब भी उपलब्ध हैं। प्रमाण के लिए थोड़े-थोड़े अन्तर से यहाँ उद्धरण दे देना अप्रासंगिक न होगा। सन् 1907 में सप्रे जी के दो लेख—'महाराष्ट्रों में हिन्दी की चर्चा' (सरस्वती भाग 8, सं. 1 पृ. 28) और 'हड़ताल' (सरस्वती भाग 8, सं. 5, पृ. 206) प्रकाशित हुए। थोड़ा और अन्तर देकर बात कही जाय तो सन् 1915 में सप्रे जी के चार लेख—'मस्तिष्क का अमर्यादित व्यय', पृ. 35, 'शहरों में रहना', पृ. 88, 'आधुनिक शिक्षा और बुद्धि स्वातन्त्र्य', पृ. 168 छपे थे। ये तीनों लेख 'हमारे सामाजिक ह्रास के कुछ कारणों पर विचार' के सन्दर्भ में छपे थे। इसके अतिरिक्त उसी वर्ष 'सामाजिक ह्रास से बचने का उपाय' पृ. 202 भी छपा था।

यह जानना बहुत जरूरी है कि आचार्य महावीर प्रसाद द्विवेदी जिससे रुष्ट रहते थे उसे भूलकर भी 'सरस्वती' में प्रकाशित नहीं करते थे और इससे भी अधिक यह जानना जरूरी है कि वह जिसको 'लामबन्दी का शिकार' बनाते थे वह लेखन की जमीन पर कलम घिसते हुए छटपटाता ही रह जाता था। सभी लोग 'निराला' नहीं हो सकते थे।

पिछले सन्दर्भों को दुहराते हुए अगर हम कहें तो कहना पड़ेगा कि माधव राव सप्रे की 'सरस्वती' में प्रकाशित रचनाओं को देखकर यह साफ जाना जा सकता है कि वे प्रथम मौलिक कहानीकार नहीं हो सकते थे। सप्रे जी की सारी रचनाएँ साहित्येतर सन्दर्भों को लेकर लिखी गई हैं। इन रचनाओं में किसी कहानीकार की मानसिकता नहीं स्पन्दित हो रही है। इसी सिलसिले में एक बात और कही जा सकती है यानी यदि पं. महावीर प्रसाद द्विवेदी सप्रे जी को 'सरस्वती' में लगातार प्रकाशित न करते रहे होते तो शायद 'सप्रे' जी हिन्दी लेखक बनने से रह जाते। उस समय की दूसरी महत्त्वपूर्ण पत्रिकाएँ सप्रे जी के लेखों का प्रकाशन 'सरस्वती' की तरह नहीं कर रही थीं। कुछ बड़ी पत्रिकाओं में तो सप्रे जी को शायद ही स्थान मिल पाया था। 'सरस्वती' के सम्पादक के रुख से साफ जाना जा सकता है कि अगर माधव राव सप्रे अच्छी कहानी लिखते होते तो दृष्टिवान सम्पादक द्विवेदी जी उन कहानियों को सम्मान के साथ निश्चित प्रकाशित करते क्योंकि उस समय लेख लिखने वालों की संख्या काफी अधिक थी जबकि कहानीकार गिने-चुने थे। यानी द्विवेदी जी को अच्छे कहानी लेखकों की निहायत जरूरत थी।

जहाँ तक माधव राव सप्रे की कथा-यात्रा की बात उठाई गई है (सारिका, जनवरी 1966, पृ. 76) उससे यही सिद्ध होता है कि सप्रे जी ने कहानी लिखने के प्रयत्न में केवल 'दो वर्ष' गँवाए और जब उन्हें ज्ञात हो गया कि स्वतन्त्र विधि

से कहानी लिखना काफी मुश्किल है तब उन्होंने समय गँवाने वाली चेष्टा छोड़ दी। सप्रे जी की कहानियाँ 'एक टोकरी भर मिट्टी' और 'सुभाषितरत्न' संस्कृत-कथाओं के ढर्रे पर लिखी गई हैं। 'एक टोकरी भर मिट्टी' कहानी लोक-कथा शैली से और 'सुभाषितरत्न' कहानी संस्कृत-कथा-शैली से हटकर जरा भी मौलिक अस्तित्व नहीं बना पाती। ऐसी स्थिति में माधव राव सप्रे को आद्य कहानीकार के रूप में न स्वीकारा जाए तो यह कहना कहाँ तक संगत है कि 'स्व. माधव राव सप्रे की कहानी 'एक टोकरी भर मिट्टी' को हिन्दी की प्रथम मौलिक कहानी के रूप में स्वीकार कर लेने के पश्चात् भी कई लोग किसी न किसी बहाने उस तथ्य को नकारने का प्रयत्न करते हुए दिखाई देते हैं। इसके मूल में वही भावना है जो द्विवेदी शुक्ल के जमाने में थी। जिस नाम को सुनियोजित ढंग से नकार दिया गया फिर आज उस नाम को कैसे और क्यों लाया जाए। इस पूर्वाग्रह और हठवादिता को क्या कहें ? इसी दृष्टि में स्व. माधव राव सप्रे जी को कहानी के प्रति जो आकर्षण और रुझान था, उसका एक उदाहरण प्रस्तुत करता हूँ।' (सारिका, जनवरी 1977, पृ. 76)

हालाँकि उपर्युक्त बाल-प्रबोधिनी उक्ति न ध्यान देने योग्य है और न ही समीक्ष्य फिर भी इस सन्दर्भ में कुछ तथ्य आवश्यक हैं। पहली बात यह है कि अगर माधव राव सप्रे को द्विवेदी और शुक्ल ने सुनियोजित ढंग से नकार दिया था तो आज उस नाम को सामने लाने में 'द्विवेदी और शुक्ल अथवा उनकी तद्‌युगीन दुरभिसन्धि' किस प्रकार बाधक सिद्ध हो रही है ? क्या 'स्व. माधव राव सप्रे की कथा-यात्रा एक विवेचन' के लेखक की सारी तर्कहीन और अप्रामाणिक बातों को स्वीकार कर लेना ही पूर्वाग्रह और हठवादिता रहित होने का प्रमाण है ? आज के किसी समीक्षक को द्विवेदी और शुक्ल की बात को लेकर 'पूर्वाग्रह या हठवादिता' क्यों होगी ? 'सारिका' में आद्य कथाकार पर लेख लिखने वाले वर्मा जी ने 'आद्य कथाकार' बनने के लिए लेखक को नहीं मात्र 'कहानी के प्रति आकर्षण और रुझान' को ही पर्याप्त माना है। लेखक ने इस रुझान को सिद्ध करने के परिप्रेक्ष्य में 'एक उदाहरण प्रस्तुत' करते हुए बतलाया है कि सप्रे जी के 'एक शिक्षक—श्री रघुनाथ राव' 'लड़कों को मार्ग पर लाने' के लिए 'समय-समय पर सुनीति से भरी छोटी-छोटी शिक्षाप्रद कहानियाँ' कहते थे और 'विद्यार्थियों का मन अभ्यास में लगाते और उन्हें नीतिवान करने का प्रयत्न करते थे'। यदि सप्रे जी अपने 'एक शिक्षक' द्वारा कही जाने वाली कहानियों और उसकी सुनीतिपूर्ण शैली के प्रति रुझान एवं आकर्षण रखने के कारण ही उसी ढर्रे की कहानियाँ लिखने की कोशिश करते रहे तब तो उनके कहानी-लेखन की मानसिकता और प्रथम मौलिक कहानी लिखने की क्षमता को, भली भाँति जाना जा सकता है। देवी प्रसाद वर्मा को यह जानना चाहिए था कि 'प्रयत्नशील' होना एक बात है और प्रयत्न में सफल होना दूसरी बात। सप्रे जी के सन्दर्भ में वर्मा जी ने लिखा है, '12 वर्षीय छात्र के मन में निरन्तर कहानी-विधा तैर रही थी और

उसका प्रभाव उसके परिपक्व लेखन पर भी था और यही कारण था कि वे इस विधा के प्रति सर्वाधिक प्रयत्नशील थे।' स्व. सप्रे जी किस विधा के प्रति सर्वाधिक प्रयत्नशील थे, यह तो उनकी प्रकाशित रचनाओं से ही जाना जा सकता है। इससे इनकार नहीं किया जा सकता है कि 12 वर्षीय सप्रे के मन में कहानी-विधा निरन्तर तैर रही थी लेकिन कहानी-विधा के निरन्तर तैरने के फलस्वरूप उन्होंने प्रथम मौलिक कहानी लिख दी थी इससे इनकार जरूर किया जा सकता है। 'एक टोकरी भर मिट्टी' अथवा 'सुभाषितरत्न' जैसी अत्यन्त लघु और नीति प्रधान कहानियाँ 'हिन्दी प्रदीप' में उस समय छप चुकी थीं जब 'छत्तीसगढ़ मित्र' का जन्म भी नहीं हुआ था। (हिन्दी प्रदीप, 1 अप्रैल, 1887)। यहाँ सवाल पहले अथवा बाद में छपने का नहीं है बल्कि सवाल मौलिकता का है। जब आज पहली मौलिक कहानी का सवाल उठाया जाता है तब इसका अर्थ होता है कि एक ऐसी कहानी जिसमें बीज रूप में आज की कहानियों की सारी मानसिकता और शिल्प के सभी तत्त्व मौजूद हों। इस दृष्टि से पहले और बाद में छपने का कोई अर्थ नहीं रह जाता। वैसे तो 'प्रथम मौलिक हिन्दी कहानी' (सारिका, जनवरी 1977, पृ. 76) शीर्षक सारा लेख ही अप्रमाणिक और तथ्यों से रहित है परन्तु इसका अन्तिम अर्थांश तो पूर्णतया अप्रासंगिक और सन्दर्भहीन है। इस लेख द्वारा भ्रान्त प्रचार के अलावा कुछ हल नहीं लिखा जा सकता। यही स्थिति इसके पहले वाले लेख 'हिन्दी की पहली कहानी : एक महत्त्वपूर्ण प्रश्न' (सारिका, फरवरी, 1968, पृ. 18) की भी है। यानी कुल मिलाकर इन लेखों से हिन्दी की पहली मौलिक कहानी को कुछ लेना-देना नहीं है।

डॉ. बच्चन सिंह ने अपने एक लेख 'प्रणयनी-परिणय : एक विवेचन' (सारिका, दिसम्बर 1976, पृ. 72) के माध्यम से देवी प्रसाद वर्मा के पहले वाले लेख में भ्रान्तियों की ओर संकेत किया है। डॉ. सिंह ने वर्मा जी द्वारा दिए गए तर्कों में आए हुए अन्तर्विरोधों की चर्चा की है और श्री वर्मा ने अपने कथन के पक्ष में जिन तर्कों को बहुत प्रामाणिक समझ कर प्रस्तुत किया है उन्हें डॉ. सिंह ने लचर और सन्दर्भ से कटा हुआ सिद्ध किया है। डॉ. सिंह ने लिखा है–

''खुद वर्मा जी 'एक टोकरी भर मिट्टी, को कहानी सिद्ध करने के लिए निम्नलिखित तर्क देते हैं–

'' (1) ' स्व. माधव राव सप्रे द्वारा लिखित इस कहानी के सभी तत्त्व विद्यमान हैं। सातवें दशक में कहानी का जो स्वरूप आज हमारे सम्मुख है, उसके सभी बीज इस कहानी में स्पष्ट हैं–आज कहानी के साथ-साथ एक और कहानी चलती है, वह मानवीय परिशान्ति की गाथा है···वह कहानी जो ऊपर है, वह भी अपनी अभिव्यक्ति, परिवेश और अंचल में नई है (कमलेश्वर, नई कहानी की भूमिका) नई कहानी के सबल पक्षधर कमलेश्वर की वाणी किसी सीमा तक प्रस्तुत कहानी में मिलती है।'

“ (2) कहानी क्रमशः स्वाभाविक क्रम में बढ़ती है—‘क्रूर मनुष्य में भी साधुता विद्यमान रहती है इस मनोवैज्ञानिक तथ्य को कथाकार ने स्वाभाविक गति से चरमोत्कर्ष पर पहुँचा दिया है।’

“ (3) “तत्कालीन बोझिलता से अलग अपनी संक्षिप्तता के कारण यह कहानी बहुत महत्त्वपूर्ण है।’

“पहले तर्क में कमलेश्वर का नई कहानी का पक्षधर होना कोई समीक्षा-सिद्धान्त नहीं है, जिसके आधार पर उक्त कहानी को कसा जा सके। मानवीय परिणति की गाथा तो प्रत्येक समय की प्रत्येक कहानी के साथ चला करती है। यह आख्यान-साहित्य मात्र की विशेषता है। इससे कहानी के रूप-विन्यास पर प्रकाश नहीं पड़ता। दूसरा तर्क भी मनोवैज्ञानिकता, चरमोत्कर्ष आदि प्रत्येक के साथ चस्पाँ होता है। संक्षिप्तता कहानी की मज्जागत विशेषता नहीं।”

डॉ. सिंह ने सन् 1901 में लिखी किसी कहानी के सातवें दशक की कहानियों की अनुरूपता को ऐतिहासिक सन्दर्भों से कटा हुआ माना है क्योंकि ‘किसी साहित्यिक विधा का क्रमिक विकास होता है।’ इसलिए उन्होंने वर्मा जी और डॉ. धनंजय के इस कथन को भ्रान्तिपूर्ण और आश्चर्यजनक माना है कि ‘एक टोकरी भर मिट्टी’ कहानी के सातवें दशक की कहानियों के निकट है। जहाँ तक ‘एक टोकरी भर मिट्टी’ कहानी की बात है, डॉ. बच्चन सिंह का कहना सच हो सकता है कि इसमें सातवें दशक की कहानियों का संस्पर्श और संवेदनीयता नहीं है, लेकिन सिद्धान्त रूप में यह घोषित कर देना कि प्रथम दशक में लिखी कहानी में सातवें दशक की कहानियों की समीपता और मूलता नहीं पाई जा सकती, सही नहीं है। शायद डॉ. सिंह को यह इसलिए कहना पड़ा था कि वे जिस कहानी (प्रणयनी-परिणय) को पहली मौलिक कहानी सिद्ध करने की तैयारी कर रहे थे उसकी पृष्ठभूमि बनाने के लिए ऐसा कहना जरूरी हो गया था क्योंकि ‘प्रणयनी-परिणय’ आज के कहानी-लेख के सन्दर्भों से बिल्कुल अलग-थलग है। लगता तो कुछ ऐसा है कि ‘प्रणयनी-परिणय’ को पहली मौलिक कहानी कहने का साहस डॉ. सिंह के सिवाय और कोई कर ही नहीं सकता।

‘प्रणयनी-परिणय’ को प्रथम मौलिक कहानी साबित करने के क्रम में डॉ. बच्चन सिंह ने खुद अपने विरोध में एक सवाल उठाया है यानी ‘जब (प्रणयनी-परिणय का) लेखक खुद उसे उपन्यास कहता है तो हम उसे कहानी क्यों कहें ?’ डॉ. सिंह ने इसका उत्तर भी देने की कोशिश की है यानी ‘सन् 1850-1900 और कुछ उसके बाद तक कथा-साहित्य (फिक्शन) को उपन्यास कहने का चलन था।···कहानी व उपन्यास में, ऐसा प्रतीत होता है कि उस समय तक, कोई ऐसा अलगाव नहीं हो पाया था कि उनके बीच कोई विभाजक रेखा खींची जा सके है।’ अपने ही प्रश्न का उत्तर देते हुए डॉ. सिंह ने जिस समयावधि का उल्लेख किया है और उस अवधि

में कहानी तथा उपन्यास के बीच कोई अन्तर नहीं माना है, इसका परीक्षण अप्रैल सन् 1900 के 'सुदर्शन', पृ. 9 पर माधव प्रसाद मिश्र के एक कथन के परिप्रेक्ष्य में किया जा सकता है और यह भली भाँति जाना जा सकता है कि उस अवधि में भी कहानी (गल्प या आख्यायिका) और उपन्यास साहित्य की अलग-अलग विधाएँ मानी जाती रही हैं। 'प्रणयनी-परिणय' के लेखक किशोरीलाल गोस्वामी को भी इस विधा-भिन्नता का ज्ञान था। 'सुदर्शन' का उल्लेख इस प्रकार है, 'ऊपर कही हुई बात कोई मनःकल्पित गल्प नहीं है और न उपन्यास ही है। हजार वर्ष के आस-पास का सच्चा इतिहास है।' आचार्य रामचन्द्र शुक्ल ने भी उपन्यास और कहानी विधाओं में काफी पहले चले आने वाले अन्तर का उल्लेख 'हिन्दी साहित्य का इतिहास' में किया है। इसलिए यह कहना कि 'कहानी व उपन्यास में उस समय तक कोई ऐसा अलगाव नहीं हो पाया था कि उनके बीच कोई विभाजक रेखा खींची जा सके,' ठीक नहीं है। अगर किशोरी लाल गोस्वामी ने अपने मासिक पत्र 'उपन्यास' में सन् 1900 में 'सरस्वती' में छपी कहानी को उपन्यास कह कर छाप दिया तो यह प्रमाण नहीं बन जाता है कि तब तक कहानी और उपन्यास में कोई भेद नहीं स्थापित किया जा सका था। स्वयं गोस्वामी जी ने 'सरस्वती' में प्रकाशित होने के लिए अपनी कहानियों को उपन्यास कह कर नहीं भेजा था। इसी प्रकार 'सरस्वती' के हीरकजयन्ती विशेषांक में किसी व्यक्ति द्वारा 'नूतन ब्रह्मचारी' को कहानी कह देना यह साबित नहीं कर देता कि बालकृष्ण भट्ट को गल्प (आख्यायिका भी) और उपन्यास में अन्तर नहीं मालूम था। इस सन्दर्भ में बालकृष्ण भट्ट द्वारा प्रस्तुत एक उदाहरण द्रष्टव्य है। भट्ट जी ने 'हिन्दी प्रदीप' अप्रैल से जून सन् 1895 के अंक में राम प्रकाश लाल की एक रचना प्रकाशित की है जिसका शीर्षक है 'ललित लता' जो 'प्रणयनी-परिणय' की ही तरह कई अंकों में प्रकाशित हुआ है। 'प्रणयनी-परिणय' की ही तरह 'ललित लता' का कथ्य भी 'बहु आयामी' न होकर 'एक आयामी' है। परन्तु सब कुछ होते हुए भी भट्ट जी ने इसे एक 'लघु उपन्यास' ही माना था जबकि इससे 8 वर्ष पहले 'हिन्दी प्रदीप, (1 अप्रैल, सन् 1887, पृ. 9) में प्रकाशित आख्यायिका को उन्होंने उपन्यास नहीं घोषित किया था। आज फिर 'लम्बी कहानी' और 'लघु उपन्यास' लिखने की प्रवृत्ति उभर रही है और उन दोनों को एक ही रचना-विधा कहना कोई स्वीकार नहीं कर सकता।

डॉ. सिंह 'प्रणयनी-परिणय' को 'ऐतिहासिक सन्दर्भ' का एक घोषणा पत्र थमा देते हैं और कहते हैं कि 'उस ऐतिहासिक परिदृश्य में इस तरह की कहानी का बनना ही स्वाभाविक था।' कोई भी व्यक्ति 'स्वाभाविकता' और 'ऐतिहासिक सन्दर्भों' को नकार नहीं सकता लेकिन इतना तो कहा ही जा सकता है कि जब हम आज के 'आदमी' के मूल उत्पादक की खोज करेंगे तो अधिक से अधिक 'वन मानुष' या 'बन्दर' तक के ऐतिहासिक सन्दर्भों तक लौटेंगे, हालाँकि यह नहीं कहा जा सकता

कि खुद 'वन मानुष' के विकास के लिए कोई जैविक तत्त्व उसके पहले मौजूद नहीं था। गोकि इस सम्भावना से इनकार नहीं किया जा सकता कि सन् 1887 में 'प्रणयनी-परिणय' की तरह ही कहानी लिखी जा सकती थी परन्तु इतना प्रमाणिक स्तर पर कहा जा सकता है कि 'प्रणयनी-परिणय' आज की कहानी विधा का मूल नहीं हो सकती और 'प्रणयनी-परिणय' जैसी कहानियों से हिन्दी कहानियों का विकास नहीं हुआ है। इस कहानी को हिन्दी की पहली मौलिक कहानी सिद्ध करने के लिए दिए गए डॉ. सिंह के शेष तर्क खुद अपने आप को काट रहे हैं। इसलिए उन तर्कों को लेकर बहुत कुछ लिखना संगत न होगा। यदि ऐतिहासिक सन्दर्भों के नाम पर 'प्रणयनी-परिणय' को हिन्दी की प्रथम मौलिक कहानी कहने का प्रश्न खड़ा हुआ तब, सन् 1887 से 11 वर्ष पीछे 'हरिश्चन्द्र चन्द्रिका' में छपी श्री शरण कृत 'कथा' 'धैर्य सिन्धु' पर भी विचार करना पड़ेगा (हरिश्चन्द्र चन्द्रिका, मई से सितम्बर 1876 ई., पृ. 219)।

आज के समीक्षकों ने डॉ. श्री कृष्णलाल द्वारा हिन्दी की पहली कहानी के रूप में घोषित किशोरी लाल गोस्वामी की कहानी 'इन्दुमती' को विचार-परिधि से बाहर कर दिया है। 'इन्दुमती' 'टेम्पेस्ट' की इतिवृत्ति पर न भी लिखी गयी होती तब भी यह आज की 'कहानी' का प्रथम उत्पादक नहीं हो सकती क्योंकि इसमें संयोगों और अकस्मातों के भारी संश्लेष जुटाए गए हैं। इस कहानी में अविश्वसनीयता की प्रस्तुति इसे ऐयारी और तिलस्म के कथा-गर्त में ठेल देती है। 'इन्दुमती' का चौदह वर्षों तक किसी आदमी से असाक्षात्कार बना रहना अपने आप में एक आश्चर्य है जबकि उसने जीवन के प्रारंभिक चार वर्षों तक सामाजिक जीवन बिताया था। ताली की हलकी आवाज पर पचास सिपाहियों का अकस्मात् प्रकट हो जाना पूरी तरह अविश्वसनीय लगता है। इसी प्रकार इन्दुमती का चन्द्रशेखर से परिचित होने की स्थिति और उसके प्रेम के लिए पिता की परवाह की अस्वीकृति बेहद अस्वाभाविक हो गई है। भाषा और संवाद में भी कहानीपन लाने की कोई परिस्थिति नहीं पाई जाती है। 'इन्दुमती' के सन्दर्भ में डॉ. लक्ष्मीनारायण लाल को छोड़कर यदि हम डॉ. विजयपाल सिंह को लें तो देखते हैं कि डॉ. विजयपाल सिंह 'इन्दुमती' की प्रथमता को अस्वीकार कर 'एक टोकरी भर मिट्टी' को प्रथम मौलिक कहानी होने का संकेत करने लगते हैं। डॉ. सिंह का ही कथन दे देना अच्छा होगा—'हिन्दी की प्रथम कहानी किशोरी लाल गोस्वामी की 'इन्दुमती' है अथवा बंग महिला की 'दुलाईवाली' या माधव प्रसाद मिश्र की 'मन की चंचलता', इस सन्दर्भ में सुधी समीक्षकों के बीच पर्याप्त मतभेद रहे हैं। इन सभी मतभेदों के बीच किशोरीलाल गोस्वामी की 'इन्दुमती' को प्रथम मौलिक कहानी की संज्ञा दी जा सकती है।' दूसरे ही पृष्ठ पर डॉ. सिंह कहते हैं, 'हिन्दी की प्रथम मौलिक कहानी के नामकरण के सन्दर्भ में समीक्षक-ज्योतिषियों ने अपने भिन्न-भिन्न मत प्रस्तुत किए हैं। डॉ. श्री कृष्णलाल

'इन्दुमती' को, रायकृष्ण दास 'दुलाईवाली' को, डॉ. रामरतन भटनागर 'ग्राम' को, डॉ. लक्ष्मीनारायण लाल 'ग्यारह वर्ष का समय' को, डॉ. बच्चन सिंह किशोरी लाल गोस्वामी की ही लिखी 'प्रणयनी-परिणय' (1867 ई.) को हिन्दी की प्रथम मौलिक कहानी मानने के लिए अपने तर्क प्रस्तुत करते हैं। श्री देवीप्रसाद वर्मा माधव राव सप्रे की बहुचर्चित कहानी 'एक टोकरी भर मिट्टी' को हिन्दी की प्रथम मौलिक कहानी मानते हैं और उनके विचार से पर्याप्त लोग सहमत भी हो सकते हैं।' (कथा–एकादशी की भूमिका) इस उद्धरण से साफ प्रकट होता है कि डॉ. विजयपाल सिंह का कथन अस्पष्ट होने के साथ ही अन्तर्विरोधों से भरा हुआ है। पता नहीं उन्होंने किस जोड़-घटाव द्वारा 'एक टोकरी भर मिट्टी' को बहुचर्चित कहानी घोषित कर दिया है। यदि 'एक टोकरी भर मिट्टी' को बहुचर्चित कहानी कहा जा सकता है तब तो 'हरिश्चन्द्र चन्द्रिका' में 'चोज़ की बातें' स्तम्भ में छपने वाली बहुत सी कहानियों को हिन्दी की बहुचर्चित कहानियाँ कहना पड़ेगा।

लगता है डॉ. लक्ष्मीनारायण लाल 'ग्यारह वर्ष का समय' को इसलिए प्रथम मौलिक कहानी कहना चाहते हैं कि वह एक अत्यन्त समर्थ आलोचक द्वारा लिखी कहानी है। डॉ. लाल लिखते हैं, 'वस्तुतः यह कहानी हिन्दी के एक भावी आलोचक की लेखनी से निर्मित हुई है, इसलिए इस कहानी के विकास में कहानीकार स्पष्ट रूप से आलोचक और समर्थक भी बन गया है।' (हिन्दी कहानियों की शिल्प-विधि का विकास, पृ. 54)। डॉ. लाल को यह क्यों नहीं दिखलाई पड़ा कि 'एक भावी आलोचक की लेखनी से निर्मित' होने के कारण ही 'ग्यारह वर्ष का समय' प्रथम मौलिक कहानी नहीं हो पाई थी। डॉ. लाल का यह कहना कि 'इस कहानी की सबसे बड़ी विशेषता यह है कि यह हिन्दी की आदि मौलिक कहानी है तथा इसकी शिल्प-विधि का निर्माण कहानी का अपना मौलिक प्रयास है। इसमें कहानी के वे सब तत्त्व आ गए हैं, जिनके प्रकाश में यह कहानी सर्वथा उल्लेखनीय है।' संगत नहीं है। डॉ. लाल ने यह क्यों नहीं विचार किया कि यदि आचार्य शुक्ल में कहानी-लेखन की मौलिक क्षमता होती तो वे एक ही कहानी लिख कर क्यों रह जाते ?

'ग्यारह वर्ष का समय' कहानी ग्यारह घण्टे की भावुकता की कहानी है। पूरी कहानी की नियति कुतूहल की सपाटता और स्थितियों की अविश्वसनीयता में उलझी है। चमत्कारिक प्रसंगों के कारण यह कहानी सस्पेन्स की असाधारणता से भरी हुई है। कहानी का अन्त नैतिक और उपदेशक वर्णनों के कारण प्रभावहीन हो गया है। इस कहानी में परीकथाओं जैसे परिदृश्यों का संश्लेष किया गया है। कुल मिलाकर इस कहानी की मानसिकता रहस्य–रोमांच–सृजन की देन है–'चन्द्रकान्ता' का एक लघु संस्करण। इसलिए 'ग्यारह वर्ष का समय' कहानी हिन्दी-कहानियों की प्रेरणा-भूमि नहीं हो सकती।

हिन्दी की पहली मौलिक कहानी के निरूपण में डॉ. देवीशंकर अवस्थी ने कुछ तार्किक बातें उठाई हैं। हालाँकि डॉ. अवस्थी ने भी इस सवाल को हल करने में शोधात्मक प्रयत्न नहीं किए फिर भी प्राप्त परम्पराओं में से सही चुनाव करने की सबसे अधिक कोशिश उन्होंने ही की है। आसानी से देखा जा सकता है कि उनके कथन में चिन्तन का कितना खुलापन है और आग्रहों का कितना अधिक नकार है। उन्हीं के कथन से साक्षात्कार करना ज्यादा अच्छा होगा। उन्होंने लिखा है, 'उन्नीसवीं शताब्दी के अन्तिम दशक तक पहुँचते-पहुँचते आप देखेंगे कि प्रेरणा के लिए अँगरेज़ी और बँगला की कहानियों की ओर लेखकों का ध्यान जा चुका था। बीसवीं शती का प्रथम दशक बीतते-न-बीतते मौलिक कहानियों का लिखना प्रारम्भ हो जाता है। 1907 में 'सरस्वती' में बंग महिला की 'दुलाईवाली' कहानी छपी। यह हिन्दी की प्रथम मौलिक कहानी कही जाती है। इस कहानी में तीन बातें बहुत ध्यान देने योग्य हैं : (1) कहानी प्रतिदिन के जीवन की एक साधारण घटना के आधार पर लिखी गई है; (2) स्थानीय रंगत के चित्रण में यथार्थवादी वातावरण की सृष्टि की गई है; और (3) घटनाओं में आकस्मिक संयोगों का सहारा नहीं लिया गया है। पुरानी कहानी की भव्यता, अलौकिकता पर साधारण की यह विजय बहुत महत्त्वपूर्ण है। इन्हीं तत्त्वों का आगे हमें और विकास मिलता है। सन् 1911 में काशी से 'इन्दु' नामक पत्रिका का प्रकाशन 'प्रसाद जी' की प्रेरणा से हुआ और उनकी पहली कहानी 'ग्राम' इसी वर्ष छपी। इसी वर्ष चन्द्रधर शर्मा गुलेरी एवं जी. पी. श्रीवास्तव की कहानियाँ भी क्रमशः 'भारत-जीवन' और 'इन्दु' में प्रकाशित हुईं। इस प्रकार 1911 ई. हिन्दी-कहानियों के उदय में एक महत्त्वपूर्ण वर्ष है। इन सभी कहानियों में साधारण जीवन और यथार्थवाद की वही विजय है जिसे हम 'दुलाईवाली' कहानी के प्रसंग में देख चुके हैं।'

'सारिका' ने हिन्दी की प्रथम मौलिक कहानी को प्रामाणिक रूप से नामित करने के लिए जो अभियान चलाया है उस क्रम में 'दुलाईवाली' के पक्ष में सुधाकर पाण्डेय ने भी अपने विचार व्यक्त किए हैं। बड़े सपाट और अतार्किक ढंग से उन्होंने लिखा है, 'बंग महिला' केवल हिन्दी की प्रथम कहानी-लेखिका मात्र नहीं, हिन्दी में कहानी-लेखन के शुभारम्भ करने के श्रेय से मंडित हैं। यह कहानी है, 'दुलाईवाली'। (सारिका, 16 अक्टूबर, 1978, 'दुलाईवाली और बंग महिला', पृ. 54)। हालाँकि इस पूरे लेख में उक्त सपाटबयानी के अलावा और कुछ भी मतलब की बात नहीं है फिर भी इससे एक पाठकीय धारणा का पता तो चलता ही है, आचार्य रामचन्द्र शुक्ल, रायकृष्ण दास, देवीशंकर अवस्थी और सुधाकर पाण्डेय आदि की एक शृंखला तो बनती ही है।

'दुलाईवाली' कहानी को हिन्दी की पहली मौलिक कहानी सिद्ध करने के पक्ष में डॉ. देवी शंकर अवस्थी के तर्क बहुत संगत, सन्दर्भगत और प्रामाणिक हैं। लेकिन

हिन्दी की पहली मौलिक कहानी लिखते समय एक ऐसी सुनियोजित भ्रान्ति सृजित कर दी गई जिसके कारण लाचार होकर ये सभी तर्क 'दुलाईवाली' के पक्ष में दिए जा रहे हैं। यदि सन् 1906 में बंग महिला ने एक सुनियोजित भ्रान्ति का सृजन न कर दिया होता तो शायद 'कुम्भ में छोटी बहू' को हिन्दी की प्रथम मौलिक कहानी मानने में समीक्षकों का एकमत होना आसान हो जाता और डॉ. देवीशंकर के दिए गए तर्क उस कहानी पर और भी ज्यादा उपयुक्त बैठते क्योंकि इस कहानी में संवेदना की युगीनता, और शाश्वति तथा इससे भी अधिक संरचना की बारीक बुनावट साफ-साफ उभरी हुई है। इसमें कथ्य की प्रस्तुति और उसका क्रमिक ट्रीटमेण्ट, परिवेश की सघनता, पात्र-संयोजना की यथार्थता और संवादगत लौकिकता इतनी कलात्मक है कि इस टक्कर की एक भी कहानी बीसवीं शताब्दी के आरम्भिक दशकों में नहीं लिखी गई।

घटना ऐसी घटी कि जब सन् 1906 में 'कुम्भ में छोटी बहू' का प्रकाशन (सरस्वती भाग 7, सं. 9, पृ. 342) हुआ तब बड़ी चतुराई से लेखिका ने एक फुटनोट लगा दिया, 'मेरी पूजनीया जननी श्रीमती नीरदवासिनी घोष रचित (हस्तलिखित) बंगभाषा के एक गल्प का अनुवाद।' इस पाद-टिप्पणी के बाद कोई कारण नहीं था कि बंग महिला से सुपरिचित लोग और आचार्य रामचन्द्र शुक्ल जैसे समीक्षक भी भ्रान्ति के अनुवर्ती न हो जाते। फलतः उक्त भ्रान्ति आज तक ज्यों की त्यों बनी रह गई और 'दुलाईवाली' को हिन्दी की पहली मौलिक कहानी कहने के लिए विवश होना पड़ा।

यह सवाल खड़ा होना बड़ा स्वाभाविक है कि इसके क्या प्रमाण हैं कि बंग महिला द्वारा दी गई पाद-टिप्पणी सही नहीं है ?

इस सन्दर्भ में यह बतलाना बहुत ही जरूरी है कि बंग महिला की माता श्रीमती नीरदवासिनी घोष इस स्तर तक पढ़ी-लिखी नहीं थीं कि वे कहानी लिख सकती थीं। छः वर्ष की अवस्था में ही उनका विवाह हो गया था। ससुराल आने पर उनके पति श्री राम प्रसन्न घोष ने उन्हें मात्र कामचलाऊ शिक्षा दी थी। यदि श्रीमती नीरदवासिनी अच्छी पढ़ी-लिखी होतीं और उनमें कहानी लेखन की क्षमता होती तो अध्यापक श्री साँवल जी नागर ने अपने लेख 'पण्डित केदारनाथ पाठक' (हंस, मार्च 1934, वर्ष 4, सं. 6, पृ. 16) के अन्तर्गत बँग महिला की माता श्रीमती नीरदवासिनी घोष का भी उल्लेख किया होता, क्योंकि नागर जी ने इस लेख में बंग महिला के पिता श्री राम प्रसन्न घोष के बंगला ज्ञान और बंग महिला की लेखन-प्रसिद्धि की चर्चा विस्तारपूर्वक की है जबकि नीरदवासिनी घोष के लेखकीय सन्दर्भ अथवा उनके शिक्षित होने का उल्लेख नहीं किया है।

यदि 'कुम्भ में छोटी बहू' कहानी श्रीमती नीरदवासिनी घोष द्वारा पहले-पहल बँगला भाषा में लिखी गई होती तो इसका प्रकाशन किसी-न-किसी बँगला-पत्रिका

में अवश्य हुआ होता क्योंकि इसमें कहानी-लेखन का शिल्प पूर्ण विकसित धरातल पर विद्यमान है। 'कुम्भ में छोटी बहू' जैसी अच्छी कहानी बँगला-साहित्य के बहुत अच्छे कहानीकार ही लिख सकते थे। उस समय बंग-नारियों द्वारा सम्पादित बँगला भाषा की पत्रिका 'अन्तःपुर' में प्रायः बंगाली नारियों की रचनाएँ ही प्रकाशित हुआ करती थीं। यह पत्रिका बंग महिला के यहाँ मँगाई भी जाती थी। यदि श्रीमती नीरदवासिनी ने 'कुम्भ में छोटी बहू' कहानी बँगला में लिखी होती तो यह कम से कम 'अन्तःपुर' में तो प्रकाशित हुई होती। बंग महिला के लेख 'स्त्रियों की शिक्षा' (कुसुम संग्रह) से यह साफ साबित होता है कि 'अन्तःपुर' पत्रिका उनके यहाँ नियमित रूप से आती थी।

बंग महिला ने अपनी माता को अमर करने की इच्छा से ही इस कहानी के प्रकाशन के समय उपर्युक्त 'पाद-टिप्पणी' लगा दी थी और 'हस्तलिखित' रूपी चातुर्य का सहारा लिया था। आगे चलकर यह हस्तलिखित प्रति कहीं किसी को नहीं मिल सकी, पं. केदारनाथ पाठक को भी नहीं जो सम्पूर्ण प्रदेश में हस्तलिखित रचनाओं की तलाश में भटकते रहे और न जाने कितनी हस्तलिखित और दुष्प्राप्य रचनाएँ ढूँढ़ निकाली थीं। मीरजापुर में ही उन्होंने भारतेन्दु हरिश्चन्द्र का लेख 'लेखक और नागरी लेखक' की तलाश की थी।

'कुम्भ में छोटी बहू' कहानी किसी की पहली रचना नहीं हो सकती। ऐसी कहानी कई प्रारम्भिक प्रयासों के बाद ही लिखी जा सकती थी लेकिन स्वयं बंग महिला ने भी इस कहानी के पूर्व अपनी माता की किसी दूसरी रचना का उल्लेख नहीं किया है। यहाँ यह भी प्रश्न उठता है कि जो श्रीमती नीरदवासिनी घोष इतनी अच्छी कहानी लिख सकती थीं, उन्होंने आगे दूसरी कोई कहानी क्यों नहीं लिखी।

एक और बात विचार करने योग्य है। 'कुम्भ में छोटी बहू' अनूदित कहानी नहीं हो सकती। यह मौलिक रूप से हिन्दी भाषा में ही लिखी जान पड़ती है। अनुवादिक कला को दृष्टि में रखते हुए यह कहना पड़ेगा कि इसमें अनुवाद की गंध तक नहीं आती जबकि बंग महिला की दूसरी अनूदित कहानियों में अनुवाद साफ-साफ झलकता रहता है, गोकि उन्होंने ज्यादातर 'छायानुवाद' ही किया था। इसके अलावा इस कहानी में मीरजापुर के दक्षिण में स्थित एक गाँव 'पडरा' के तद्‌युगीन माहौल का चित्रण किया गया है, जिसमें न कहीं बँगला तेवर है और न कहीं बँगला लहजा।

सन् 1906 की ही सरस्वती में बंग महिला की दो कहानियाँ प्रकाशित हुईं, एक 'दान-प्रतिदान' जो श्रीयुत बाबू रवीन्द्रनाथ ठाकुर लिखित एक बँगला गल्प का अनुवाद थी (सं. 4, पृ. 135) और दूसरी 'कुम्भ में छोटी बहू' (सं. 9, पृ. 342)। दोनों की भाषा और वर्ण्य-माहौल के मिलान से यह बात साफ मालूम हो सकती है कि 'कुम्भ में छोटी बहू' मौलिक और मूल रूप से हिन्दी की कहानी है। भाषा

और वातावरण, हिन्दी टोन और बँगला टोन, अनुवाद और मौलिक लेखन की विशेषताओं की तुलना करने के लिए दोनों कहानियों से एक-एक खण्ड आगे दिया जा रहा है–

**अनूदित कहानी 'दान-प्रतिदान' से एक खण्ड**

"राधेमुकुन्द से बालमुकुन्द का आज नया सम्बन्ध नहीं है। जब दोनों भाई जौ की रोटियाँ खाकर, हाथ में तख़्ती और ख़ालिक-बारी लेकर, एक साथ मकतब में जाते थे; जब दोनों ही मौलवी साहब की आँखों में धूल डालकर चरवाहों के लड़कों के साथ खेलने जाते थे, घरवालों से छिपाकर रात को दूसरे गाँव में जाकर स्वाँग तमाशा देखते थे और सबेरे पकड़े जाने पर दोष और दण्ड का हिस्सा दोनों बराबर बाँट लेते थे, उस समय श्यामा और उनकी जेठानी जी कहाँ थीं ? क्या जीवन के इतने दिन के बन्धन को तोड़कर चला जाना उचित है ? किन्तु यह प्रतिबन्धन स्वार्थपरता का बन्धन है। यह प्रीति परान्नप्रत्याशा का रूपान्तर है। इस प्रकार के सन्देह भी राधे को विषवत् प्रतीत होते थे। कुछ काल और व्यतीत हो जाने से क्या होता, सो नहीं कहा जा सकता, पर इसके बीच ही एक भारी घटना संघटित हो गयी।"

**'कुम्भ में छोटी बहू' से एक खण्ड**

इतने में भोलवा की महतारी एक टोकरी गोबर लेकर आई और खड़ी होकर कहने लगी, "का हो बहू, का सल्लाह होत बाय ? पयाग जी नहाए चलत जावः का ? हे भाई, हमहूँ के लियावत चलः"। छोटी बहू उस पर नाराज होकर कहने लगी, 'मर निगोड़ी, इतना चिल्लाती है क्यों ? क्या गले में बाँस अँटका है ?"

भोलवा की महतारी कुछ धीरे से घिघियाकर कहने लगी–"ए मोर बहू अब मैं न चिलैइबो। तोहरे पच के गोड़ ले पड़त है जाए लाग्यः त हमहूँ के लेत जायः।"

भाषाई स्तर पर उपर्युक्त दोनों खण्डों की तुलना करने से साफ जाहिर हो रहा है कि 'तख़्ती' और 'ख़ालिक बारी', 'स्वाँग तमाशा', 'यह प्रीति परान्नप्रत्याशा का रूपान्तर है, 'घटना संघटित हो गयी' आदि प्रयोगों में अनुवाद की विवशता थी। भाषान्तरण में भाषिक प्रकृति का बदलाव लाख चाहने पर भी नहीं हो पाता है। 'दान-प्रतिदान' में बँगला भाषा का लहजा पूरी कहानी में फैला हुआ है, जबकि 'कुम्भ में छोटी बहू' मूल हिन्दी का नमूना है। 'भोलवा की महतारी', 'हे भाई,' 'क्या गले में बाँस अँटका है', 'घिघियाकर', 'तोहरे पच के गोड़ लले पड़त है' आदि ऐसी भाषिक संरचना है जो अनुवाद द्वारा सम्भव नहीं है। इस पूरी कहानी में मूल हिन्दी का ही तेवर दिखलाई पड़ता है।

बंग महिला द्वारा प्रयुक्त भाषा के परिप्रेक्ष्य में एक बहुत महत्त्वपूर्ण बात उठाई जा सकती है। यानी बंग महिला ने प्रायः अपनी सभी मौलिक कहानियों में आंचलिक भाषा का प्रयोग किया जबकि अनूदित एक भी कहानी में भाषाई आंचलिकता का

स्पर्श तक नहीं होने दिया है। इन प्रमाणों से 'कुम्भ में छोटी बहू' मूल हिन्दी की ही कहानी सिद्ध होती है।

और इन सारी बातों से अधिक सोचने की बात यह है कि 'कुम्भ में छोटी बहू' के प्रकाशन के आठ महीने बाद 'सरस्वती' भाग 8, सं. 5, पृ. 178 पर प्रकाशित होने वाली बंग महिला की कहानी 'दुलाईवाली' में कहानी-लेखन का शिल्प, परिवेश और मनःस्थितियों का चित्रण और यहाँ तक कि भाषिक रचाव 'कुम्भ में छोटी बहू' की ही तरह है। दोनों कहानियों में प्लेटफार्म के दृश्य, लगभग-लगभग समान माहौल सृजित करते हुए से। एक उदाहरण देना अप्रासंगिक न होगा–

**कुम्भ में छोटी बहू का प्लेटफार्म**–मीरजापुर के रेलवे स्टेशन के प्लेटफार्म पर बड़ी भीड़ है। जहाँ देखिए वहीं माल असबाब और गठरियों का ढेर लगा है। यथा समय गाड़ी अपना विशाल वपु लेकर आ खड़ी हुई।···आग खाती, पानी पीती, धुआँ फेंकती, रेल हड़हड़ाती हुई चली।

**दुलाईवाली का प्लेटफार्म**–यथासमय रेल पर बैठकर वंशीधर राजघाट पार कर मुगलसराय पहुँचे। वहाँ पुल लाँघकर दूसरे प्लेटफार्म पर जा बैठे। देखते-देखते गाड़ी का धुआँ दिखलाई पड़ा। मुसाफिर अपनी-अपनी गठरी सम्हालने लगे। रेलदेवी भी अपनी चाल धीमी करती हुई गम्भीरता से आ खड़ी हुई।

दोनों कहानियों में रेलगाड़ी के दृश्य में 'यथासमय' का प्रयोग, भीड़ और मुसाफिरों की गठरियों का दृश्य, रेलगाड़ी के आने-जाने का आलंकारिक चित्रण एक ही तरह का वर्णित है। इतना ही नहीं मीरजापुर के प्लेटफार्म पर व्यंग्य रूप में 'आहार-प्रियता' की बात दोनों कहानियों में एक ही तरह उठाई गई है। शब्दों का चुनाव, वाक्यों का गठन और अभिव्यक्ति का तेवर दोनों कहानियों में एक रूप है। कम्पार्टमेण्ट के अन्दर का माहौल भी एक ही तरह का है। दोनों कहानियों में भाषाई आंचलिकता मिलती-जुलती है–बनारस अथवा मीरजापुर के लोग जिनकी इलाहाबाद तक की यात्रा। आंचलिक भाषा की एक ही बुनावट द्रष्टव्य है–तोहरे पच के गोड़ ले पड़त है' (कुम्भ में छोटी बहू); 'तोहरे पच के धरम से चार दाँई नहाए चुकी हँई' (दुलाईवाली)। इतना अवश्य है कि 'कुम्भ में छोटी बहू' कहानी में तत्कालीन पाठकों और लेखकों की प्रतिक्रिया जानने के लिए आंचलिक-भाषा का प्रयोग संस्पर्श के स्तर तक ही किया गया है। जब इस प्रयोग को व्यापक अनुकूलता मिली तब 'दुलाईवाली' में आंचलिक भाषा-रचना का फैलाव कुछ अधिक कर दिया गया।

तुलनात्मक स्तर पर विचार करने से इन दोनों कहानियों की लेखिकाएँ दो हो ही नहीं सकतीं या तो ये दोनों कहानियाँ नीरदवासिनी की हैं या बंग महिला की। लेखिका के रूप में बंग महिला को इसलिए स्वीकारना पड़ता है कि नीरदवासिनी घोष की कोई दूसरी रचना नहीं सुनी गई जबकि बंग महिला 20वीं शताब्दी के चौथे दशक तक लिखती और छपती रही थीं। (इन्द्रदेव से मेरी बातें–सरस्वती)

20वीं शताब्दी का पहला दशक हिन्दी-कहानियों के लिए प्रयोग-काल रहा है। इस अवधि की कहानियों में रचनात्मक स्तर पर पारम्परिकता और समसामयिकता का द्वन्द्व तेजी से चलता हुआ दिखाई देता है। 'कुम्भ में छोटी बहू' कहानी में सामयिक सन्दर्भों की परख, सामाजिक अपेक्षाओं की स्थापना और कहानी-लेखन की अद्यतन अछूती शिल्प-विधि पाई जाती है। इसमें 'प्रणयनी-परिणय', 'इन्दुमती', 'सुभाषित रत्न', 'एक टोकरी भर मिट्टी', 'ग्यारह वर्ष का समय' आदि कहानियों की तरह न तो पारम्परिकता की लकीर पीटी गई है, न रहस्यात्मक अविश्वसनीयता को जगह दी गई है और न संयोगात्मक संश्लेषों की भरमार करके कुतूहल उपजाया गया है। यह कहानी तत्कालीन तिलस्मी मानसिकता के विरुद्ध एक नए शिल्प के नमूने के रूप में लिखी गई थी। इसमें अपने समय की बुनियादी जरूरतों की प्रतिबद्धता व्यक्त हुई है। बहुत बड़े पैमाने पर फैली हुई रूढ़ियों तथा अन्ध-मोहों से मुक्ति की छटपटाहट इस कहानी की सृजन-प्रेरणा रही है। प्लेटफार्म का दृश्य, यात्रा-विवरण और कुम्भ-स्नान की विराट् दुर्गति का चित्रण कुछ इस प्रामाणिक ढंग से किया गया है जो आज भी वैसा घटित हुआ दिखलाई पड़ता है। पूरी कहानी में भोक्ता की सचाई अंकित हुई है। कहानी सामाजिक सोद्देश्यता से रंचमात्र अलग नहीं होती है।

'कुम्भ में छोटी बहू' एक ऐसी कहानी है जिसकी एकान्विति में पाई जाने वाली संवाद की विविधता तत्कालीन इतिहासकारों के लिए आश्चर्य का विषय बन गई थी। इसमें बंग महिला ने भाषा को सांस्थानिक रूप देने की भरपूर कोशिश की है। पूरी कहानी में गाँविक अनुभूतियाँ, आंचलिक-लहजे और पहाड़ी देहात की निश्छल मानसिकताएँ बड़ी खूबी के साथ उभरी हुई हैं।

क्या उस समय की किस्सागोई के भार से दबी हुई, तिलस्मी प्रवृत्ति तथा आख्यानिक उपदेशबाजी की कायल और पंडिताऊ मानसिकता की दुर्नियति झेलती किसी भी दूसरी कहानी को हिन्दी की प्रथम मौलिक कहानी कहा जा सकता है ? इसलिए आज हिन्दी समीक्षकों और शोधकर्ताओं का दायित्व हो गया है कि वे 72 वर्ष पहले सुनियोजित रूप से सृजित की गई भ्रान्ति के बारे में खुले दिमाग से समझने की कोशिश करें। विचार-विमर्श के दौरान 'कुम्भ में छोटी बहू' को हिन्दी की प्रथम मौलिक कहानी मानना ही पड़ेगा।

# बंग महिला का रचना-परिवेश

बंग महिला के लिए यह कम सुयोग की बात नहीं थी कि उन्हें साहित्यिक परिवेश की तलाश में कहीं जाना नहीं पड़ा। उनका जन्मगृह उनके लिए साहित्यिक माहौल सृजित करने का सारा उपक्रम कर रहा था। जिस घर में बंग महिला का जन्म हुआ था यदि उस घर के अतिरिक्त उनका जन्म किसी दूसरे घर में हुआ होता तो सम्भवतः वे हिन्दी की कथाकार न हुई होतीं। होश सम्हालने के साथ ही उन्हें अपने चारों ओर साहित्यिक गरिमा का फैलाव दिखाई पड़ने लगा। इनके पिता श्री राम प्रसन्न घोष का साहित्यानुरागी व्यक्तित्व इनके रचनाकार के निर्माण में प्रारम्भ से ही कार्य कर रहा था। श्री राम प्रसन्न जी मिल्टन, बेकन, शेक्सपियर आदि की क्लासिक रचनाएँ लाकर पढ़ा करते थे। श्री राम प्रसन्न घोष रोमैण्टिक कवियों की काव्य-कृतियाँ बहुत पसन्द करते थे और उनकी प्रतियाँ घर में रखते थे। उनके परिवार में रवीन्द्र, बंकिम और शरद साहित्य के प्रति विशेष अभिरुचि थी। बड़ी होने पर बंग महिला नारायण दास सेन, दीनेन्द्र कुमार सेन, देवेन्द्र कुमार राय, अविनाश चंद्र दास, श्रीमती लावण्य प्रभा सरकार आदि की कथा-कृतियों और निबन्ध-ग्रन्थों में विशेष रुचि रखने लगी थीं। इस प्रकार बंग महिला के लिए अँगरेज़ी और बँगला साहित्य की उत्तमोत्तम कृतियाँ साहित्यिक वातावरण तैयार करने में सहायक बनने लगीं। उस समय की लगभग सभी पत्र-पत्रिकाएँ उनके घर आती रहीं और तद्‌युगीन रचना-शीलता की छाप इनके मन पर पड़ती रही।

बंग महिला के पिता श्री राम प्रसन्न घोष साहित्यिक पुस्तकों को खरीद कर घर में रखने के बड़े शौकीन थे। उनकी इस अभिरुचि के परिणामस्वरूप घर ही में एक छोटा-मोटा पुस्तकालय बन गया। साथ ही ये मेयो मेमोरियल लाइब्रेरी के संचालक भी थे, जिसमें वे अपनी रुचि की साहित्यिक पुस्तकें तथा पत्रिकाएँ नियमित रूप से मँगवाते रहे। मेयो लाइब्रेरी में जब भी कभी कोई नई पुस्तक आती तो रजिस्टर पर दर्ज होने के पूर्व ही वह घोष साहब के दिमाग में दर्ज हो जाती। वे उसे घर

ले जाते और पूरा पढ़ने के बाद ही लौटाते। पिता की इस अध्ययनशील प्रवृत्ति का बंग महिला पर बहुत घना प्रभाव पड़ता। जब उनका अक्षरारम्भ भी नहीं हुआ था तभी उनको अँगरेजी और बँगला साहित्य के कई रचनाकारों के नाम कंठाग्र हो गए। इनके पिता ने इनको पहला पाठ साहित्यकारों के नाम रटवाने से ही शुरू किया था। बंग महिला के मन में वे अज्ञात नाम बड़ा कौतूहल पैदा करते। श्री राम प्रसन्न घोष अपनी पुत्री की बढ़ती हुई लेखकीय जिज्ञासा देखकर प्रसन्न होते और उनके तमाम सवालों के उत्तर बड़े कौशल के साथ देते। बंग महिला की चंचल-प्रवृत्ति दूसरे विषयों से हटकर साहित्य की ओर केन्द्रित होने लगी।

लेकिन बंग महिला के लेखकीय परिवेश का असली अस्तित्व तो कहीं और ही विद्यमान था। खजांची चौराहे से बरियाघाट की ओर जाने वाली सड़क के पश्चिम पार्श्व में स्थित वह मकान जिसमें वे पैदा हुई थीं। वह मकान पं. केदारनाथ पाठक का था, जिन्होंने शुरू में मीरजापुर के रचनाकारों के लिए पं. महावीर प्रसाद द्विवेदी जैसी भूमिका निभाई और आगे चलकर पूरे हिन्दी जगत् में नई रचनाओं और नए रचनाकारों की खोज में अप्रतिम काम किया। यदि पं. केदारनाथ पाठक रचनाकारों के रचनाकार न बने होते, तो शायद हिन्दी साहित्य के इतिहास में कई प्रमुख नाम दिखलाई ही न पड़ते। इन्हीं व्यस्तताओं के कारण वे स्वयं बहुत नहीं लिख सके। बंग महिला के लिए पाठक जी का सहयोग बड़ा उपयोगी सिद्ध हुआ। उनके मन में भारतेन्दु बाबू हरिश्चन्द्र के लेखकीय व्यक्तित्व और हिन्दी भाषा में रचनाशीलता के प्रति अटूट निष्ठा जाग्रत हुई। पाठक जी को बँगला भाषा का भी अच्छा ज्ञान था। राजेन्द्र बाला का रचनाकार पाठक जी का सहारा पाकर मूर्त होने लगा। शुरू में कविता के रूप में और बाद में कथा के रूप में। पाठक जी के माध्यम से बंग महिला 'आनन्द कादम्बिनी' और 'नागरी नीरद' पत्रिकाओं के सम्पर्क में आईं। उस समय पाठक जी 'आनन्द कादम्बिनी' में सम्पादकीय सहयोग का कार्य करते थे। प्रेमघन के निवास पर तत्कालीन लेखकों की भीड़ लगी रहती। भिन्न-भिन्न विषयों पर तर्क-वितर्क, साहित्यिक गवेषणाएँ, समस्या पूर्ति, भाषा की समस्या, स्वतन्त्रता आन्दोलन आदि मुद्दों को लेकर अनेकानेक विचार आते। पाठक जी के माध्यम से बंग महिला को भी ये बातें मालूम होती रहतीं। इनके मन में चौधरी प्रेमघन के दर्शन की लालसा उमड़ पड़ी। जनवरी सन् 1896 में पाठक जी इन्हें लेकर प्रेमघन के निवास पर गए। विवाहित बालिका का प्रेमघन ने बड़ा सत्कार किया। बंग महिला ने प्रेमघन के भव्य व्यक्तित्व में विराट् साहित्यिकता का दर्शन किया। साहित्य के उस महाविभूति को हाथ जोड़कर अभिवादन किया। प्रेमधन जी ने बंग महिला को अपनी नाट्य-रचना 'भारत सौभाग्य नाटक' की प्रति उपहारस्वरूप दी। यही पुस्तक बंग महिला के कृतित्व का आधार ग्रन्थ बन गई। यद्यपि विषय-वस्तु की दृष्टि से इस नाट्य-कृति ने बंग महिला को लेखन की कुछ भी सामग्री नहीं दी परन्तु साहित्यिक

धरोहर के रूप में यह उनकी सर्जनात्मक प्रतिभा को हमेशा स्पन्दित करती रही। रचनाशीलता की तलाश में पं. केदारनाथ पाठक बंग महिला के पहले मार्ग-दर्शक रहे। इन्हीं के माध्यम से वे अन्य रचनाकारों के सम्पर्क में आईं।

बंग महिला ने अपने समय के विख्यात हिन्दी रचनाकार मन्मथनाथ भट्टाचार्य से भी प्रेरणा ग्रहण की थी। भट्टाचार्य का 'नरहत्या' नाटक प्रेमघन नाट्य-समिति के मंच से अभिनीत हुआ था। उनकी लघु नाट्य-कृतियाँ युग-संवेदना की अभिव्यक्ति में बहुत सफल थीं। इन्होंने बँगला-साहित्य का गहन अध्ययन किया था। अँगरेज़ी साहित्य में किए जाने वाले नए नाट्य प्रयोगों के प्रति भी ये सजग थे। बंग महिला अपने पिता राम प्रसन्न घोष अथवा पं. केदारनाथ पाठक के साथ प्रायः इनके घर आया-जाया करती थीं और तत्कालीन बँगला-साहित्य में लिखी जाने वाली लघु कहानियों तथा दूसरी साहित्य-विधाओं पर इनके साथ चर्चा किया करतीं। इस प्रकार भट्टाचार्य के साथ साहित्यिक आदान-प्रदान में रचनाशीलता की रेखाएँ इनके मन में भी उभरती रहतीं। पं. केदारनाथ पाठक ने इनके लिए जिस रचनाशील वातावरण का सृजन किया था, वह नई-नई सम्बद्धताओं और नए-नए सम्पर्कों से और अधिक सघन होने लगा। मन्मथनाथ भट्टाचार्य भी बंग महिला के लिए सम्पर्क और सम्बद्धता के अटूट सूत्र रहे।

बंग महिला के समकालीन कहानी-लेखक मास्टर भगवान दास की कहानी 'प्लेग की चुड़ैल' सन् 1902 की 'सरस्वती' में प्रकाशित हुई थी। उस समय मीरजापुर नगर की यह प्रथम कहानी रचना थी, जो 'सरस्वती' जैसी साहित्यिक पत्रिका में प्रकाशित हुई थी। इस कहानी के प्रकाशन से बंग महिला को कहानी-लेखन की विशेष प्रेरणा मिली। इसी के फलस्वरूप सन् 1906 की सरस्वती में इनकी कहानी 'कुम्भ में छोटी बहू' प्रकाशित हुई। हालाँकि बंग महिला सबसे पहले बँगला पत्रिका 'प्रवासी' में प्रकाशित हुई थीं, परन्तु प्रवासी में उनका निबन्ध बँगला भाषा में प्रकाशित हुआ था। हिन्दी में भी इनका प्रथम लेखन निबन्ध के रूप में ही हुआ था। उनके निबन्ध 'हिन्दी के ग्रन्थकार' का प्रकाशन 'समालोचक' पत्रिका में हुआ था। इस निबन्ध में इन्होंने समीक्षात्मक दृष्टि अपनाई थी, परन्तु उनकी इस समीक्षा-दृष्टि की बड़ी तीखी प्रतिक्रियाएँ हुईं। इस निबन्ध के वस्तु-संचयन में पं. केदारनाथ पाठक का विशेष सहयोग था। सम्भवतः पाठक जी इस प्रकार के निबन्ध-लेखन द्वारा लेखकीय उत्तेजना जगाना चाहते थे। उसके लिए उन्होंने बंग महिला की लेखनी को ही समर्थ माना। पाठक जी इस लेख के प्रकाशन द्वारा हिन्दी-साहित्यकारों में वैचारिक विवाद उठाना चाहते थे। तत्कालीन रचनाकारों की निन्दाओं और प्रशंसाओं के बीच इस निबन्ध ने लेखकीय साहसिकता को जन्म दिया और बंग महिला को एक विस्तृत लेखकीय आयाम में ला खड़ा कर दिया। कुसुम संग्रह की लेखकीय भूमिका में बंग महिला ने स्वयं लिखा है—'मुझे इस बात की कभी आशा न थी कि मेरे लेखों को

हिन्दी साहित्य-संसार में किंचित भी स्थान मिलेगा। सबसे पहले मैंने 'हिन्दी के ग्रन्थकार' नामक लेख लिखा। उसे स्वर्गीय जैन वैद्य महोदय ने अपने 'समालोचक' नामक पत्रिका में प्रकाशित किया। इस लेख को देखकर कितने ही सज्जनों ने हर्ष प्रकट किया और कितने ही महाशयों ने असन्तुष्ट होकर सामयिक पत्रों द्वारा मुझ पर कटु वाक्य बरसाए जिनके बदले में मैं उन महाशयों का उपकार मानती हूँ।'

श्री मन्मथनाथ भट्टाचार्य एवं मास्टर भगवान दास ने बंग महिला में कहानी लेखन के प्रति जो रुचि उत्पन्न की वह अन्त तक बनी रही। 'सरस्वती' से 'हंस' तक वे अपनी रचनाशीलता की उपस्थिति दर्ज कराती रहीं। इन पत्रिकाओं में इनकी कई मौलिक और अनूदित कहानियाँ प्रकाशित होती रहीं।

बंग महिला के सम्पर्क में आचार्य रामचन्द्र शुक्ल का आगमन लेखन की विस्तृत भूमिकाओं के साथ हुआ। बंग महिला तथा शुक्ल जी का साहित्यिक संयोग कोई आकस्मिक घटना नहीं थी। लन्दन मिशन हाईस्कूल में अध्यापन का कार्य करते हुए शुक्ल जी के कई निबन्ध प्रकाशित हो चुके थे। तद्‌युगीन लेखकों में आचार्य शुक्ल चर्चा के विषय बन गए थे। पं. केदारनाथ पाठक की दृष्टि इस होनहार साहित्यकार पर बहुत पहले से ही पड़ी हुई थी। चौधरी बदरी नारायण प्रेमघन आचार्य शुक्ल के लिए साहित्य के महापुरुष थे। आचार्य शुक्ल आते-जाते प्रेमघन निवास के सामने खड़े हो जाया करते थे और साहित्य-महाविभूति-प्रेमघन के दर्शन के लिए आतुर आँखें फैलाए रहते थे। उनकी इस जिज्ञासा और आतुरता को देखते हुए पाठक जी इन्हें अपने साथ प्रेमघन के दर्शन हेतु ले गए। अब पाठक जी के दो साहित्य-शिष्य हो गए—बंग महिला और आचार्य शुक्ल। संयुक्त शिष्यता की इस राह पर बंग महिला और रामचन्द्र शुक्ल का साहित्यिक परिचय प्रगाढ़ हुआ। शुक्ल जी रोजाना शाम को रमईपट्टी से तिवराने टोला जाया करते थे। इसी मार्ग में सुन्दरघाट पर बंग महिला का घर था। इसलिए शुक्ल जी यदा-कदा बंग महिला के घर भी चले जाते थे और उनसे सामयिक साहित्य-धाराओं पर विचार-विमर्श किया करते थे। फलतः उन दोनों को लेखकीय अस्मिता का गहन बोध हुआ। बंग महिला ने इस साहित्यिक सुयोग का भरपूर लाभ उठाया और बँगला से हिन्दी अनुवाद के साथ ही मौलिक लेखन के प्रति भी जागरूक हुईं।

बंग महिला के लिए यह भी एक अच्छे संयोग की बात रही कि उनका घरेलू परिचय सरस्वती के प्रकाशक घोष परिवार के साथ रहा। उस समय गिरिजा कुमार घोष पार्वतीनन्दन के छद्‌म नाम से कहानियाँ लिखा करते थे। सम्भवतः उन्होंने लेखन के लिए छद्‌म नाम इसलिए अपनाया कि वे इण्डियन प्रेस, इलाहाबाद के प्रबन्धक थे और इसी प्रेस से सरस्वती प्रकाशित होती थी। सरस्वती 1905 में 'मेरी चम्पा' और सन् 1906 में 'एक के दो-दो' कहानियाँ लाला पार्वतीनन्दन को कहानीकार के रूप में प्रसिद्धि दिलाने में समर्थ हुई थीं।

बंग महिला भी पहली बार 'सरस्वती' में सन् 1906 में ही प्रकाशित हुईं। इस वर्ष इनकी दो कहानियाँ 'कुम्भ में छोटी बहू' और 'दान-प्रतिदान' प्रकाशित हुईं। तत्कालीन कहानियों के बीच इन कहानियों का ऐतिहासिक मूल्य आज भी सुरक्षित है। 'कुम्भ में छोटी बहू' समसामयिक लेखन को दिशा-बोध करानेवाली कहानी मानी गई।

इस प्रकार अपने समय के लेखकों के सम्पर्क में रहकर बंग महिला अपनी रचनाशील प्रतिभा को गतिशील बनाती रहीं। पं. केदारनाथ पाठक, मन्मथनाथ भट्टाचार्य, चौधरी बदरी नारायण उपाध्याय, रामचन्द्र शुक्ल, गिरिजा कुमार घोष, मास्टर भगवान दास, उमाशंकर द्विवेदी, बदरी नाथ गौड़ और भगवान दास हालना जैसे लेखकीय व्यक्तित्व से कुछ लेती रहीं और बदले में उन्हें भी अपनी वैचारिक भूमि पर उतार कर कुछ देती रहीं। भले ही प्रेमघन, भट्टाचार्य और पाठक जी लेखन-विराटता के प्रतिमान और बंग महिला के वास्तविक प्रेरणा-स्रोत रहे हों लेकिन ये भी अपने मौलिक चिन्तन और लेखन-अभिनवता के कारण उन्हें प्रभावित करतीं। इसी प्रभाव के कारण प्रेमघन जी 'आनन्द कादम्बिनी' में इन्हें अधिकाधिक प्रकाशित करते रहते जबकि इस पत्रिका में तद्‌युगीन बहुत कम लेखक स्थान पाते थे।

सही और वास्तविक लेखन के लिए व्यक्तित्वों का सम्पर्क-मात्र पर्याप्त नहीं होता। लेखन में निजी अनुभव और उनका सम्यक् आभ्यन्तरीकरण बहुत महत्त्वपूर्ण होता है। हालाँकि बंग महिला उपर्युक्त साहित्यिक व्यक्तियों से विभिन्न विषयों पर चर्चा करते हुए अपनी ज्ञान-सीमा को विस्तार देती रहीं और इन चर्चाओं में रचना-प्रक्रिया की खोज करती रहीं परन्तु इनकी रचनाशील मानसिकता की असली निर्मिति तो उन गाँवों में हुई, जहाँ इनके पिता श्री राम प्रसन्न घोष की जमींदारी थी और जिसका अधिकाधिक प्रबन्ध बंग महिला को करना पड़ता था। मीरजापुर से दक्षिण लगभग तीन-चार किलोमीटर दूर स्थित 'पडरा' गाँव, जिसके वातावरण को लेकर 'कुम्भ में छोटी बहू' कहानी लिखी गई है, इनकी लेखकीय अनुभूतियों में पूरी तरह बसा हुआ था—इस गाँव की कृषि, संस्कृति, रहन-सहन, व्यवहार की साहसिकता, परम्परागत रीति-प्रथा और विन्ध्यगिरि के चरणों में बसे गाँवों की प्रकृति-सम्पदाओं में बंग महिला अपनी रचनाशीलता की खोज निरन्तर करती रहीं। गाँव का सारा माहौल प्रेरक रूप धारण कर इनके मन को लेखकीय आकांक्षा से भर देता था और ये गाँव की भोली-भाली जिन्दगी को साहित्य में उतारने के लिए बेचैन हो उठती थीं।

बंग महिला ने मौलिक रचना की अपेक्षा अनुवाद का कार्य अधिक किया। अनुवाद के लिए बँगला कहानियों का चुनाव करते समय भी इनकी दृष्टि 'पडरा' और उसके परिवेश पर बनी रहती।

इस प्रकार बंग महिला की सर्जनात्मक तलाश मीरजापुर जैसे कस्बाई शहर

से लेकर 'पडरा' जैसे अत्यन्त पिछड़े गाँवों तक चलती रही। इनके बहुत से निबन्ध भी अपने चारों ओर फैले पिछड़ेपन, अशिक्षा तथा अन्ध मान्यताओं को ही दृष्टि में रखकर लिखे गए थे। इनकी रचनाशीलता की अन्वेषण-यात्रा में कुछ सहज-सुयोग रहे और बहुत कुछ इनके अपने प्रयत्न भी। साहित्यानुरागी पिता श्री राम प्रसन्न घोष और उनका विस्तृत पुस्तकालय, पाठक जी की अटूट सम्बद्धता, कई दूसरे रचनाकारों का सम्पर्क-सूत्र और कस्बाई तथा गाँविक वातावरण का सूक्ष्म निरीक्षण—यानी ये तमाम-तमाम संयोग और परिस्थितियाँ उनकी सृजन-शक्ति की प्रेरिका रही हैं। इन्हीं परिस्थितियों में इनका रचनाकार अपनी सृजनधर्मिता तलाशता रहा है।

# हिन्दी कहानी का प्रथम दशक और बंग महिला

बीसवीं शताब्दी का पहला दशक हिन्दी में कहानी-लेखन का आविर्भाव युग है। हालाँकि इस दशक में हिन्दी कहानी कोई निश्चित रचना-प्रक्रिया का विकास न कर सकी थी फिर भी तत्कालीन लेखकों के मन में कहानी लिखने की छटपटाहट अवश्य थी। पूरा दशक कहानी लिखने के प्रयास-चैतन्य से गुजर रहा था। कुल मिलाकर कहानी के उद्भव और विकास-प्रक्रिया में इस दशक का महत्त्वपूर्ण स्थान अवश्य माना जाएगा। इसका मुख्य कारण यह रहा कि इस दशक के रचनाकार बँगला-साहित्य के कथा-लेखन के सम्पर्क में आए। उस समय तक बँगला-साहित्य के कथा-लेखन पर अमेरिकी, रूसी और फ्रांसीसी कहानीकारों का व्यापक प्रभाव पड़ चुका था। रवीन्द्रनाथ ठाकुर, चारुचन्द वन्द्योपाध्याय, प्रभात कुमार आदि की कहानियाँ रूसी-फ्रांसीसी कहानी-लेखन के सम्पर्क में नया रूप धारण कर रही थीं। एडगर एलन पो (अमेरिका), बाल्जाक (फ्रांस) और पुश्किन (रूस) की कहानियाँ कथ्य और शिल्प दोनों दृष्टियों से नवीन थीं। इनके बाद ओ हेनरी (अमेरिका), फ्लावेयर और मोपांसा (फ्रांस) तथा चेखव और टाल्स्टाय (रूस) पूरे विश्व साहित्य में कहानी-लेखन को अभिनव आयाम दे रहे थे। इन कहानीकारों में रचना-प्रक्रिया की सजीवता और कहानी-कथ्य की सामाजिक विश्वसनीयता विद्यमान थी। बँगला भाषा के कहानीकारों ने विदेशी रचना-कौशल के नए प्रयोगों को अपना कर कहानियाँ लिखना प्रारम्भ किया। वे लोग पश्चिमी कहानी-कला को अपने देश में ले आए जो हिन्दी कहानी-लेखक को भी प्रेरणा देने वाली सिद्ध हुई। यानी हिन्दी कहानी लेखन में भी पश्चिमी कहानी-कला के तत्त्व रूपायित होने लगे, भले ही वे बँगला के माध्यम से ही क्यों न आए। कहानी-लेखन के इस आविर्भाव युग में बँगला-कहानियों का अनुवाद और तद्माध्यम से पश्चिमी कहानी-संवेदना की पकड़ का यह मार्ग हिन्दी में मौलिक कहानी-लेखन का जन्मदाता सिद्ध हुआ।

20वीं शताब्दी के इस पहले दशक में कहानी-लेखन की एक दूसरी प्रणाली

भी विकसित हुई थी। कहानी-लेखन का यह दूसरा मार्ग संस्कृत कथा-कृतियों, लोककथाओं और इन्हीं से विकसित 'प्रेमसागर', 'रानी केतकी की कहानी', 'नासिकेतोपाख्यान', 'वीर सिंह वृत्तान्त', 'राजा भोज का सपना', 'स्वर्ग में विचार सभा' के आधार पर आगे बढ़ीं। तत्कालीन कहानीकारों में से कुछ ने कहानी-लेखन की इस दूसरी शिल्प-विधि को अपनाने का भले ही प्रयास किया हो परन्तु उनका यह प्रयास सफल न हो सका। इस शैली में उनकी कहानियाँ युग-चेतना को ध्वनित करने में असमर्थ रहीं। इस प्रकार के कहानी-लेखन को आगे चलकर मान्यता नहीं मिल सकी। संस्कृत आख्यायिकाओं को लेखन-लक्ष्य बनाकर लिखी गईं कहानियाँ अथवा रहस्यात्मक उत्तेजना भरने के लिए एय्यारी की शैली में घटनाओं का संयोग एकत्र करने वाली कहानियाँ भी आगे नहीं बढ़ सकीं। इस प्रकार के कहानीकार कहीं न कहीं कहानी-लेखन को मौलिक दिशा देने में अक्षम रहे। इस शैली के कहानीकार कहानी को जीवन के यथार्थ के साथ जोड़ने की कल्पना ही नहीं कर सकते थे।

कहानी-लेखन के उपर्युक्त दोनों विधाओं में बँगला-साहित्य से अनूदित कहानियों अथवा इन्हीं की लेखन-विधि के आधार पर लिखी गई मौलिक कहानियों को इस दशक में 'गल्प' की संज्ञा दी गई, जबकि दूसरी कथा-विधि को आख्यायिका की संज्ञा। उस समय की प्रधान साहित्य-पत्रिका 'सरस्वती' इन दोनों प्रकार की कहानियों को प्रकाशित करती रही और कहानी-लेखन के बहुमुखी प्रयत्नों तथा रचना-प्रक्रिया के विभिन्न प्रयोगों को प्रोत्साहित करती रही। इस प्रकार सरस्वती का संबल पाकर हिन्दी में भी मौलिक कहानी का आविर्भाव हो सका था।

बंग महिला कहानी-लेखन के आविर्भाव काल में सबसे अधिक संवेदनशील कहानीकार रही हैं। युगीन चेतना और तत्कालीन साहित्य धर्मिता के प्रति समर्पित होने के कारण इनमें लेखन की सर्वाधिक मौलिकता पाई जाती है। इन्होंने बँगला-साहित्य से प्रायः ऐसी ही कहानियों का अनुवाद किया जिनमें युग की सामाजिक समस्याएँ उठाई गई थीं और उन समस्याओं के माध्यम से युग-चिन्तन को झकझोरा गया था। ये सोद्देश्य लेखन को ही लेखकीय धर्म मानती थीं। इसलिए इन्होंने तिलस्मी-एय्यारी कथा-कथ्यों को अपनी कहानियों में कहीं भी स्थान नहीं दिया। इन्होंने स्वप्न-प्रसंग, यात्रा-वर्णन, कल्पना-चित्रण, आत्म-कथन, विरहानुभूति, प्रेम की आदर्शात्मक भावुकता एवं ऐतिहासिक घटनाओं को भी कहानी-कथ्य के रूप में नहीं अपनाया जबकि उस समय प्रायः सभी कहानीकार इन प्रकार की घटनाओं को ही कहानी-लेखन का प्रमुख आधार बनाते रहे। बंग महिला ने केवल दालिया (रवीन्द्र नाथ ठाकुर की कहानी का अनुवाद) और 'अपूर्व प्रतिज्ञा पालक' ('सखा ओ साथी' पत्रिका से अनूदित) में ऐतिहासिक सन्दर्भों को कहानी का विषय बनाया है, परन्तु 'दालिया' इतिहास-वृत्त होने के साथ नारी-साहसिकता और उसके प्रेम की गहन अनुभूति की धरोहर थी जिसमें नारी-मन के एक कमजोर पक्ष की ओर संकेत किया

गया था, जो मनोवैज्ञानिक दृष्टि से उस समय के कहानी-लेखन में पूर्णतया नया ढंग था। इसी प्रकार 'अपूर्व प्रतिज्ञा पालक' में हिम्मत सिंह के त्याग एवं बलिदान के परिप्रेक्ष्य में वीर-भाव का सामाजिक प्रतिफलन किया गया था। इन्हीं विशेषताओं के कारण इन दोनों कहानियों के प्रति बंग महिला का आकर्षण रहा। इनकी अनूदित और मौलिक लगभग डेढ़ दर्जन कहानियाँ सामाजिक संवृत्तियों की आधार-शिला रही हैं। उदाहरण के लिए 'कुम्भ में छोटी बहू' मीरजापुर की आंचलिक संवेदना को लेकर लिखी गई कहानी है, जिसमें तत्कालीन समाज में परिव्याप्त अन्ध मान्यता को व्यंग्य-शैली में अभिव्यक्त किया गया है।

इस कहानी में 'कुम्भ-स्नान' की जिस रूढ़ि का चित्रण किया गया है, वह रूढ़ि कमोबेश आज भी हिन्दी-प्रदेश में पाई जाती है। कहानीकार (बंग महिला) ने इस कहानी में सहज घटनाओं का मनोवैज्ञानिक संगुम्फन करके कथ्य का विस्तार बड़े स्वाभाविक ढंग से किया है। कथानक की प्रस्तुति और इसी के अनुरूप चरित्र की अवधारणा आज की विकसित कहानियों की याद दिलाने वाली है। इस कहानी में भाषा का जो स्वरूप और शिल्प की जो नई संरचना पाई जाती है, वह तत्कालीन कथा-साहित्य के लिए आश्चर्य का विषय है। हिन्दी-जगत् में इस कहानी का व्यापक प्रभाव पड़ा था और परवर्ती कहानी-लेखन को एक नई दिशा मिली। इस कहानी में लेखकीय माध्यम की तलाश कथ्य, शिल्प और भाषा तीनों स्तरों पर की गई थी।

बंग महिला के कहानी-लेखन का समय मुख्यतः सन् 1902 से सन् 1915 तक रहा है। प्रारम्भ में ये डिटेक्टिव (जासूसी) कहानियों से अधिक प्रभावित रहीं। सबसे पहले इन्होंने सन् 1902 में बँगला कहानी-लेखक दीनेन्द्र कुमार राय के एक गल्प का अनुवाद 'राई से पर्वत' अथवा 'तिल से ताड़'[1] शीर्षक से किया। यह गल्प काफी लम्बा है, इसलिए इन्होंने इसको एक स्वतंत्र पुस्तक के रूप में छपवाया। इस गल्प-पुस्तक के अन्त में एक 'सूचना' के अन्तर्गत इन्होंने स्वयं लिखा है। 'यह डिटेक्टिव गल्प मैंने पहले-पहल सन् 1902 ई. में अनुवाद किया था।' बाद में आचार्य रामचन्द्र शुक्ल ने इसको 'बंग महिला' के कहानी संग्रह 'कुसुम संग्रह' में संकलित कर दिया।

बंग महिला को अपने इस प्रथम प्रयास से बिलकुल सन्तोष नहीं था क्योंकि वे ज़ासूसी, एय्यारी और तिलस्मी कहानियाँ नहीं पसन्द करती थीं। वे कहानियों में जीवन की संजीदगी और समसामयिक सामाजिक समस्याएँ उठाना पसन्द करती थीं। इसलिए 'राई से पर्वत' गल्प के अनुवाद के तुरन्त बाद इन्होंने बँगला साहित्य की सामाजिक कहानियों का अनुवाद प्रारम्भ कर दिया।

---

1. सिद्धेश्वर प्रेस, बनारस सिटी।

बंग महिला के समकालिक कहानीकारों में किशोरी लाल गोस्वामी, माधव प्रसाद मिश्र, केशव प्रसाद सिंह, गिरिजा दत्त वाजपेयी, कार्तिक प्रसाद खत्री, जगन्नाथ प्रसाद त्रिपाठी, लाला पार्वती नन्दन, आचार्य रामचन्द्र शुक्ल, मास्टर भगवान दास, यशोदा नन्दन अखौरी, सेठ कन्हैया लाल पोद्दार, चन्द्रधर शर्मा, ईश्वरी प्रसाद शर्मा, महेन्दु लाल गर्ग, सूर्य नारायण दीक्षित, चाँदनी, वेंकटेश नारायण, प्रमथ नाथ भट्टाचार्य, रामदास, उदय नारायण वाजपेयी, लक्ष्मीधर वाजपेयी, गंगा प्रसाद अग्निहोत्री, सत्यदेव, मधुमंगल, शालग्राम पंड्या, कुन्दन लाल शाह, वृन्दावन लाल वर्मा, शिव नारायण शुक्ल आदि के नाम उल्लेख्य हैं। इन सभी कहानीकारों ने कहानी के विकास में अपनी महत्त्वपूर्ण भूमिका निभाई है। इनमें से अधिकांश कहानीकार हिन्दी में मौलिक कहानियों के विकास के प्रति चिन्तनशील रहे। तद्‌युगीन बँगला-साहित्य में लिखे जाने वाले गल्प-साहित्य का आदर्श इन लोगों के सामने रहा। बँगला गल्पों के परिप्रेक्ष्य में ये लोग हिन्दी कहानी में वस्तु-चेतना और रचना-कौशल की नवीनता के प्रति सक्रिय हुए। आचार्य रामचन्द्र शुक्ल ने 'हिन्दी साहित्य का इतिहास' में लिखा है—"अँगरेजी की मासिक पत्रिकाओं में जैसी छोटी-छोटी आख्यायिकाएँ या कहानियाँ निकला करती हैं वैसी कहानियों की रचना 'गल्प' के नाम से बंग भाषा में चल पड़ी थीं। ये कहानियाँ जीवन के बड़े मार्मिक और भाव-व्यंजक खंड चित्रों के रूप में होती थीं। द्वितीय उत्थान की सारी प्रवृत्तियों का आभास लेकर प्रकट होने वाली 'सरस्वती' पत्रिका में इस प्रकार की छोटी कहानियों के दर्शन होने लगे।"[1]

स्पष्ट रूप से आचार्य शुक्ल हिन्दी-कहानियों के उद्‌भव में बँगला कहानियों का प्रभाव मानते हैं। बंग महिला के समकालीन वे कहानीकार जो बँगला-साहित्य के सम्पर्क में रहे, वे कहानी की इस बदलती विधा और उसकी शिल्प-विधि से परिचित होते रहे। बँगला-गल्पों ने उन्हें हिन्दी-कहानियों में भी प्रयोग करने की दृष्टि दी, जिसके परिणामस्वरूप हिन्दी में भी मौलिक कहानियाँ लिखी जाने लगीं।

आचार्य रामचन्द्र शुक्ल ने बंग महिला के समकालिक कहानीकारों में बहुत थोड़े लोगों का नामोल्लेख किया है। यह नामोल्लेख उन्होंने केवल 'सरस्वती' पत्रिका को दृष्टि में रखकर किया है। उन्होंने लिखा है—'कहानियों का आरम्भ कहाँ से मानना चाहिए, यह देखने के लिए 'सरस्वती' में प्रकाशित कुछ मौलिक कहानियों के नाम वर्षक्रम से नीचे दिए जाते हैं—

| | | |
|---|---|---|
| इन्दुमती | (किशोरी लाल गोस्वामी) | सं. 1957 |
| गुलबहार | (किशोरी लाल गोस्वामी) | सं. 1959 |
| प्लेग की चुड़ैल | (मास्टर भगवान दास, मीरजापुर) | सं. 1959 |
| ग्यारह वर्ष का समय | (आचार्य रामचन्द्र शुक्ल) | सं. 1960 |

1. पृ. 480/15वाँ संस्करण

पंडित और पंडितानी (गिरिजा दत्त वाजपेयी) सं. 1960
दुलाईवाली (बंग महिला) सं. 1964''[1]

आचार्य शुक्ल के बाद हिन्दी-कहानियों का उद्‌भव और विकास लिखने वाले लगभग सभी लेखकों ने आचार्य शुक्ल के इस मत को दुहरा दिया है और हिन्दी कहानियों के उद्‌भव-काल की दूसरी पत्रिकाओं में प्रकाशित अन्य कहानियों पर विचार नहीं किया। यदि युग-सापेक्ष्य कहानी-लेखन के प्रतिमान को ध्यान में रखते हुए तत्कालीन अन्य दूसरी साहित्यिक पत्रिकाओं की आख्यायिकाओं अथवा गल्पों पर विचार किया गया होता, तो 'सुदर्शन' पत्रिका के नवम्बर सन् 1900 के अंक में प्रकाशित कहानी 'सब मिट्टी हो गया' निश्चित विचारणीय बनी होती। किशोरीलाल गोस्वामी लिखित 'इन्दुमती' कहानी 'सरस्वती' के जून सन् 1900 के अंक में प्रकाशित हुई थी और इसके पाँच महीने बाद ही वाराणसी के कहानीकार उद्धव शास्त्री (माधव प्रसाद मिश्र) द्वारा लिखित कहानी 'सब मिट्टी हो गया' 'सुदर्शन' में प्रकाशित हुई। हिन्दी कहानी के उद्‌भव-काल पर विचार करने वाले समीक्षकों ने यह देखने की कोशिश ही नहीं की कि कथ्य संगठन, रचना-शिल्प, प्रभावान्विति और सोद्देश्यता की कसौटी पर 'इन्दुमती' कहीं तत्कालीन अन्य कहानियों से पीछे तो नहीं है। डॉ. लक्ष्मी नारायण लाल 'इन्दुमती' को हिन्दी की प्रथम मौलिक कहानी नहीं मानते। उनका कहना है– ''किशोरी लाल गोस्वामी की 'इन्दुमती' कहानी 'शेक्सपियर' के नाटक 'टेम्पेस्ट' की इतिवृत्ति की छाया लेकर लिखी गई है। इस कहानी की मुख्य प्रेरणा 'टेम्पेस्ट' की 'मीराण्डा' की भाँति सघन वन में छिपकर अपने पिता के साथ रहती है। वह अपने यौवन-काल में सर्वप्रथम एक नवयुवक अजयगढ़ के राजकुमार चन्द्रशेखर को देखती है और फौरन उससे प्रेम करने लगती है। टेम्पेस्ट के 'प्रास्पेरो' की भाँति इन्दुमती का पिता दोनों प्रेमियों के प्रेम की परीक्षा लेता है और अन्त में दोनों का विवाह हो जाता है। इस तरह 'इन्दुमती' 'टेम्पेस्ट' की इतिवृत्ति की छाया पर एक राजपूती संवेदना के सम्मिश्रण से निर्मित हुई है।''[2]

यदि 'इन्दुमती' कहानी 'टेम्पेस्ट' की इतिवृत्ति पर न भी लिखी गई हो तो भी इस कहानी में अविश्वसनीय इतिवृत्तात्मकता भरी हुई है। 'इन्दुमती' जन्म से 4 वर्ष की अवस्था तक समाज में रहती है परन्तु जब पिता के साथ वन में रहने के लिए विवश होती है तो वह यह भी भूल जाती है कि संसार में 'मनुष्य' नामक प्राणी भी कोई चीज है। इसी प्रकार उसके पिता के साथ पचास वफादार सैनिक रात-दिन गुप्त रीति से रहते हैं और समय-समय पर उनकी सहायता भी करते रहते हैं, लेकिन वन-वन में दिन भर घूमने वाली इन्दुमती बारह वर्षों तक पिता के साथ रहती हुई

---

1. हिन्दी साहित्य का इतिहास, आचार्य रामचन्द्र शुक्ल, पृ. 480
2. हिन्दी कहानियों की शिल्प-विधि का विकास, पृ. 58, 1967

उनमें से एक को भी नहीं देख पाती। शायद कहानीकार ने ताली की एक हलकी आवाज पर अकस्मात् उन्हें प्रकट करके उत्सुकता सृजित करने के उद्देश्य से उनका और इन्दुमती का अपरिचय बनाए रखना ठीक समझा।

पानी में अपनी ही प्रतिछाया देखकर लज्जित हो जाने वाली इन्दुमती उस युवक के लिए अपने पिता के सामने लज्जा और डर खो देती है, जिसका परिचय उससे कुछ घण्टों पहले हुआ है। युवक चन्द्रशेखर का वास्तविक परिचय पाए बिना ही इन्दुमती को उसके हवाले छोड़ देना पिता के कठोरता-प्रदर्शन को तार्किक आधार नहीं दे पाता। इस प्रकार की अविश्वसनीयताओं के एकत्रीकरण में मात्र फेयरी टेल्स जैसी गन्ध आती है।

'इन्दुमती' कहानी की सम्पूर्ण प्रस्तुति में संयोगों की अकस्मातता पाई जाती है। सारी कहानी एक ही अन्विति में अवश्य लिखी गई है परन्तु प्रभाव की दृष्टि से इसमें औत्सुक्य-संवर्धन के अलावा और कुछ नहीं मिलता।

संवाद-कौशल की दृष्टि से भी इन्दुमती कहानी प्रभावहीन है। नीचे नमूने के रूप में दिए गए संवाद में पुरानी शैली में लिखे गए नाटक-संवाद की अनुकृति प्रतीत होती है—

"क्यों रे नीच ! तेरी इतनी बड़ी सामर्थ्य कि आप तो बैठा-बैठा सुस्ता रहा है और मेरी लड़की से पेड़ कटवाता है ? रह, अभी तेरा सिर काटता हूँ।" फिर इन्दुमती की ओर घूमकर बोला—"क्यों री ढीठ ! तैने मेरे मना करने पर भी इस दुष्ट से बातचीत की ? रह जा, तेरा भी बध करता हूँ।"

यह दुःसंयोग की ही बात थी कि उद्धव शास्त्री के छद्म नाम से लिखी गई 'सब मिट्टी हो गया' रचना कहानी के रूप में स्वीकृत न होकर निबन्ध मान ली गई। उस समय कहानी के लिए कुछ खास तरह का वस्तु-विधान जरूरी था और अत्यन्त संकीर्ण दायरे में निर्धारित कहानी के कुछ आवश्यक तत्त्व थे। शिल्प की दृष्टि से इतिवृत्तात्मकता और कथ्य की दृष्टि से रहस्य-रोमांस के अलावा कहानी के लिए दूसरा कुछ सोचा ही नहीं जा सकता था। यही कारण है कि माधव प्रसाद मिश्र द्वारा लिखित 'सब मिट्टी हो गया' को कहानी के रूप में स्वीकार नहीं किया गया।

हालाँकि रचना का मध्य अंश चिन्तन और विचार-प्रधान लेख ही जैसा लगता है लेकिन लेखक ने स्थान-स्थान पर इन वैचारिक अंशों को कहानी-सूत्रों से जोड़कर कहानीपन बनाए रखने में सफलता प्राप्त की है। इस रचना के आदि और अन्त में तो पूरी तरह कहानीधर्मिता उभरी हुई है।

आचार्य शुक्ल तथा बाद के हिन्दी साहित्य का इतिहास लिखने वालों ने इस रचना को निबन्ध के रूप में समीक्षित किया है। आचार्य शुक्ल की मान्यताओं के अनुसार इस रचना को कहानी में तो नहीं ही आना चाहिए था और बाद के लोगों ने उस पर बहुत ध्यान देना शायद उचित नहीं समझा।

वस्तुतः 'सब मिट्टी हो गया' कथ्य-संरचना की दृष्टि से एक साहसिक प्रयोग है। सन् 1900 ई. में प्रेम-प्रसंगों या रोमांचकारी सन्दर्भों के अतिरिक्त किसी दूसरी वस्तु-संवेदना को लेकर कहानी लिखने की कल्पना भी नहीं की जा सकती थी। इस हिसाब से 'सब मिट्टी हो गया' रचना कहानी कही जा सकती है जो नई सचेतनता का प्रतीक है। हालाँकि इस कहानी में अन्विति के सूत्र बिखरे हुए हैं और कथ्य की अखंडता का भी अभाव है, फिर भी कहानीकार ने अपनी चिन्तनशीलता को बड़े कौशल द्वारा कहानी का रूप देकर आगे बढ़ाया है।

कहानी का प्रारम्भ स्वाभाविक उत्सुकता का सृजन करते हुए नाटकीय ढंग से हुआ है–"चाचा ! चाचा ! सब मिट्टी हो गया ! जो खिलौना आप दिल्ली से लाए थे, उसे श्रीधर ने तोड़ फोड़ कर मिट्टी कर दिया !"

यद्यपि इसमें भारतधर्म महामण्डल और उसके मुख पत्र 'मन्तव्य' की विशेषताओं का उल्लेख करना और माँ वसुन्धरा की महिमा का गान करना, रचना का खास लक्ष्य बनाया गया है, परन्तु रचनाकार कहानीपन के प्रति पूरी तरह सजग है। वह कहानी का सूत्र बीच-बीच में जोड़ता चलता है। जिस प्रकार किसी सम्पूर्ण कहानी की तरह इसकी शुरुआत होती है, उसी प्रकार इसके अन्त में भी कहानी तत्त्व की सम्पूर्णता पाई जाती है। इस कहानी में संयोग और अकस्मात् की जगह फ्लैश की तरह लघु परिस्थितियाँ संगुम्फित की गई हैं।

अपने समय की प्रासंगिकता की दृष्टि से 'सब मिट्टी हो गया' का कथ्य अत्यन्त उपादेय लगता है। कहानी में केन्द्रीय पात्र की एक चिन्तन-मुद्रा और कहानी एवं मुद्रा का अनुबन्ध निम्नलिखित अंश में देखा जा सकता है–

हाय माँ ! आज वे सब रत्न जीवित नहीं हैं, इसी से तो तुम बदनाम हो रही हो। आज तुम्हारी सन्तान मिट्टी हो रही है, इसलिए तुम्हारा भी वह वसुन्धरा नाम विलुप्त प्राय है। देवी अब के मटियल कवियों को तो यही सूझता है कि–

*समझ के अपने तन को मिट्टी, मिट्टी जो कि रमाता है।*
*मिट्टी करके अपना सरबस, मिट्टी में मिल जाता है।*

इसी समय हरदयाल फिर आन पहुँचा। कहने लगा–"चाचा ! खूब हुआ, अब उसे कुछ न मिलेगा–यह सुनकर वह रो रहा है।" मैं बोला, "देख हरदयाल ! मैं भी तो रो रहा हूँ।" वस्तुतः इस समय मैं भाव विह्वल हो रहा था।...

दूसरी ओर से श्रीधर के रोने की आवाज आई। बालक की सान्त्वना के निमित्त स्वयं मुझको उठना पड़ा। मैंने विषयान्तर में मन लगाया। इस प्रकार मेरी चिन्ता का स्रोत अर्धपथ में ही आकर रुक रहा। रुक जाय, समझनेवाले इसी से एक प्रकार का सिद्धान्त निकाल सकते हैं। अर्थात् 'सब मिट्टी हो गया' इस बात को लोग जिस प्रकार से कहते हैं, 'मिट्टी से सब होता है' यह बात भी उसी प्रकार कहीं जा सकती

है। कोई कंचन को मिट्टी करता है और कोई मिट्टी का कंचन बना डालता है। सब समझ की बलिहारी है ! अच्छा, जरा बालक को समझा आऊँ।।[1]

कहानी का अन्त उपदेशात्मक हुआ है। वस्तुतः यह कहानी सोद्देश्य लिखी गई है। उपदेशात्मक उद्देश्य को लेकर कहानी लिखना और लिखने का निर्वाह कर ले जाना कम महत्त्वपूर्ण नहीं है।

20वीं शताब्दी के प्रथम दशक में लघु कथाओं को कहानी नाम दिया ही नहीं जा सका था। कथात्मक रचनाओं को या तो आख्यायिका कहा जाता या गल्प। इस प्रकार की रचनाएँ प्रायः आख्यायिका अथवा गल्प शीर्षकों से छपती रहीं। 'सब मिट्टी हो गया' को आख्यायिका अथवा गल्प नाम से नहीं घोषित किया गया था। यहाँ तक कि माधव प्रसाद मिश्र ने 'सुदर्शन' सन् 1900 के दिसम्बर अंक में प्रकाशित अपनी रचना 'पुरोहित्य का आत्मत्याग' को भी आख्यायिका अथवा गल्प नहीं घोषित किया, यद्यपि इसमें एक ऐतिहासिक घटना को रचना का कथ्य बनाकर वर्जन की कथात्मक शैली अपनाई गई है। मिश्र जी की चिन्तनशीलता और वैचारिकता की अभिव्यक्ति इस इतिवृत्तात्मक रचना में भी हुई है इस फर्क के साथ कि 'सब मिट्टी हो गया' में चिन्तन की शृंखला रचना के मध्य भाग में फैली हुई है और 'पुरोहित का आत्मत्याग' में कहानी की सोद्देश्यता वैचारिक ढंग से अन्त में व्यक्त हुई है। इस कहानी में स्वार्थ-लोलुप पुरोहितों पर तीखा व्यंग्य करने के लिए घटनाओं का संयोजन किया गया है। यह जरूर है कि यह व्यंग्य कहानी के अन्त में व्यंजित न होकर केवल वर्णन बन कर रह गया है।

साफ जाहिर है कि आचार्य रामचन्द्र शुक्ल 'सरस्वती' जैसा साहित्यिक मूल्य दूसरी किसी पत्रिका का स्वीकार ही नहीं करना चाहते थे। किसी हद तक वे ठीक ही थे क्योंकि 'सरस्वती' जैसा लेखन और लेखकीय वैविध्य अन्य पत्रिकाओं में नहीं था। 'हिन्दी प्रदीप' को छोड़कर दूसरी कोई पत्रिका इतनी लम्बी अवधि तक जीवित नहीं रह सकी। तत्कालीन दूसरी पत्रिकाओं में लेखों का वर्गीकरण विभिन्न शीर्षकों में करने की दृष्टि नहीं थी। इसलिए आचार्य शुक्ल पर 'सरस्वती' का एकछत्र प्रभाव बिलकुल स्वाभाविक था। अपनी इसी स्वाभाविक मनःस्थिति के कारण उन्होंने कहानी के उद्‌भव की जानकारी देने के लिए केवल 'सरस्वती' को चुना और तद्‌युगीन दूसरी पत्रिकाएँ उनकी मूल्यांकन-मान्यता में आने से रह गईं। इस प्रकार 20वीं शताब्दी के प्रथम दशक में लिखी गई कुछ कहानियाँ दृष्टि-अपात की नियति में दबी रह गईं, यद्यपि ये कहानियाँ हिन्दी कहानी-यात्रा में कम महत्त्वपूर्ण नहीं रही हैं। परिणाम यह हुआ कि हिन्दी-कहानी के उद्‌भव के इतिहास में आकस्मिकता के कारण सृजित भ्रान्तियाँ आज तक ज्यों की त्यों बनी रह गईं।

---

1. सुदर्शन वर्ष 1, सं. 11, पृ. 40

बंग महिला भी इस प्रकार की भ्रान्तियों के कारण उस स्तर तक उभर कर सामने नहीं आ सकीं जिस स्तर की अधिकारिणी वे अपने मौलिक लेखन और चिन्तन के कारण रहीं। कहानी-लेखन के क्षेत्र में बीसवीं शताब्दी का प्रथम दशक कुछ कारणों से उनके हाथ में जाते-जाते रह गया। पहले दशक की कहानियों की प्रवृत्ति, स्थिति, यात्रा-विविधता और शिल्प-संभावना पर विचार करने से उन कारणों पर स्पष्ट प्रकाश पड़ जाएगा जिनके परिणामस्वरूप प्रथम कहानी-लेखक बनने का श्रेय बंग महिला को न मिलकर किसी दूसरे को मिल गया।

बीसवीं शताब्दी का पहला दशक हिन्दी कहानियों के लिए प्रयोग-काल रहा है। इस अवधि की कहानियों में पारम्परिकता और समसामयिकता का द्वन्द्व रचनात्मक स्तर पर तीव्र गति से चलता हुआ दिखलाई पड़ता है। कुछ कहानीकार पूर्वागत लेखन-विधि को अपना कर अपरिवर्तित मानसिकता के साथ कहानी लिखने में लगे थे और कुछ ऐसे कहानीकार थे, जिन्होंने परम्परा अनुसरण से अधिक नए प्रयोगों के प्रति साहसिक कदम उठाना अच्छा समझा। ऐसे कहानीकारों के लिए सामयिक सन्दर्भों का मूल्य बहुत अधिक था। वे कहानी को भी समय का अग्रदूत बनाने के लिए छटपटा रहे थे। कहानी को केवल तमाशाई प्रवृत्ति से जोड़ने और उसे मात्र मनोरंजन का साधन बना देने में उन्हें अपने लेखकीय व्यक्तित्व को चुनौती देने जैसा लगा। इन लोगों ने इस चुनौती को स्वीकार किया और कहानी को सामाजिक अपेक्षाओं से जोड़कर रचनाशीलता की एक नई दिशा तलाशी। बंग महिला का नाम कहानी की इस नई संभावना के साथ सबसे अधिक जुड़ा हुआ है।

तत्कालीन हिन्दी कहानी-लेखन में स्वप्न माध्यम की आख्यायिकाएँ अपेक्षाकृत अधिक लिखी गईं। स्वप्न के बहाने तरह-तरह की कल्पनाएँ करते हुए मनोरंजन का परिवेश सृजित करना अथवा किसी मान्यता की कुतूहल-पूर्ण संस्थापना करना ऐसी कहानियों का मुख्य लक्ष्य रहा है।

स्वप्न कल्पनाओं की तद्‌युगीन कहानियाँ पूरी तरह परम्परा धारिका रही हैं। राजा शिवप्रसाद का 'राजा भोज का सपना' लगभग 50 वर्ष पहले लिखा जा चुका था। भारतेन्दु बाबू हरिश्चन्द्र ने भी लेखन की इस शैली को अपनाया। इनका लेख 'स्वर्ग में विचार सभा' इसी स्वप्न शैली में लिखा गया और इसमें निबन्ध तत्त्व के साथ आख्यायिका तत्त्व का समीकरण बड़े साफ ढंग से किया गया। हरिश्चन्द्र मैगजीन में प्रकाशित बाबू तोताराम का 'एक अद्‌भुत अपूर्व स्वप्न' स्वप्न कल्पनाओं की ही कहानी है। कहानी की यह शैली उस काल के लेखकों में बहुत अधिक प्रचलित रही। हालाँकि इस गतानुगतिकता के कारण मौलिक कथा-सृजन की राह नहीं खुल पा रही थी परन्तु फिर भी इस शैली से कहानी के उद्‌भव को कुछ प्रेरणा अवश्य मिली। पहले की स्वप्न-कथाओं में विचित्रताओं और विस्मायक स्थितियों का वर्णन अधिक रहता। लेकिन परवर्ती स्वप्न आख्यायिकाएँ व्यंग्य प्रधान और युग-चिन्तन

प्रधान होने लगीं। 1 अप्रैल, सन् 1887 के 'हिन्दी प्रदीप' में 'विचित्र स्वप्न' शीर्षक से जो आख्यायिका प्रकाशित हुई उसमें एक स्वप्न-सुन्दरी और स्वप्न-वृद्धा के बहाने अपने देश में व्याप्त फूट, मूढ़ता, ईर्ष्या-द्वेष और स्वार्थपरता की प्रवृत्ति पर व्यंग्य किया गया। इस प्रकार इस आख्यायिका में युग-सापेक्षता मुखर हो उठी। इसी प्रकार फरवरी सन् 1900 के 'सुदर्शन' में 'बीबी वर्णमाला' के छद्म नाम से (वास्तविक लेखक माधव प्रसाद मिश्र थे) 'अनूठा स्वप्न' शीर्षक आख्यायिका प्रकाशित हुई है जिसमें उपन्यास लेखकों और सम्पादकों पर अच्छा व्यंग्य किया गया। व्यंग्य का शिल्प अत्यन्त निखरा हुआ और पैना था। आरंभ से लेकर अन्त तक स्वप्न-कल्पनाओं में कहानी का रोचक तत्त्व विद्यमान रहा। इस आख्यायिका की प्रारम्भिक पंक्तियों से यह बात स्पष्ट हो जाएगी–

'स्वप्न में देखता क्या हूँ कि मेरे कमरे का दरवाजा जो बन्द था एकाएक खुल गया और एक विचित्र मनुष्य हाथ में छोटी सी गड्डी लिये हुए मेरे सामने आकर खड़ा हुआ, उसका रंग काला और बदन दुबला था, बाईं आँख बिलकुल गायब थी, बायाँ हाथ और बायाँ पैर भी उसका दिखाई नहीं पड़ता था सिर्फ एक पैर से वह मेरे सामने खड़ा था। मैं घबरा कर उठ बैठा और उसका मुँह देखने लगा।'

सरस्वती के प्रकाशन के पहले ही वर्ष केशव प्रसाद सिंह की स्वप्न माध्यम की कहानी 'आपत्तियों का पर्वत'[1] छपी। इस कहानी में भी स्वप्न टेक्नीक की तरह 'मैं' को आधार बना कर कहानी लिखी गई, परन्तु 'विचित्र स्वप्न' एवं 'अनूठा स्वप्न' जैसी संवेदना इसमें नहीं थी। मनोरंजन को लक्ष्य बनाकर कौतूहल जगाने का उद्देश्य ही इस कहानी का अभिप्राय रहा। इसमें वह लेखन-शैली भी नहीं जो सन् 1906 के 'वैश्योपकारक' में प्रकाशित सेठ कन्हैयालाल पोद्दार की कहानी में थी। पोद्दार जी की शैली भावात्मक और लालित्य-भाव से परिपूर्ण थी। आनुप्रासिक भाषा में कथ्य का तीव्र प्रभाव सृजित करना इस कहानी का मुख्य उद्देश्य था। इस कहानी में एक वृद्ध पिता का अपने पुत्र के आचरण के प्रति पश्चात्ताप अभिव्यक्त किया गया था। इस प्रकार इसे भी कहीं न कहीं मानवीय नैतिकता से जोड़ने की कोशिश की गई। इसके आरंभ और अंत में व्यंग्य का समाहार बड़े कौशल के साथ हुआ। व्यंग्य के साथ ही शाम और रात के आगमन के परिदृश्यों का काव्यात्मक चित्रण किया गया। स्वप्न टेक्नीक पर लिखी गई कहानियों में कहानीकार को कितनी भी विचित्र बात कहने की छूट थी। इनमें घटनाओं की अतारतम्यता भी क्षम्य थी। व्यंग्य-प्रहारों के लिए भी इस शिल्प का प्रयोग किया जाता था। इस शिल्प की कहानियों का भाषाई प्रयोग भी कम महत्त्वपूर्ण न रहा। इस प्रकार इस शिल्प का कहानी-लेखन उस युग की एक निश्चित प्रवृत्ति के रूप में सामने आया। निबन्ध-विधा तक में इस शैली

---

1. रामलाल नेमाणी द्वारा प्रकाशित, नं. 59 कॉटन स्ट्रीट, कलकत्ता के राम प्रेस में मुद्रित।

का प्रयोग किया गया। लल्ली प्रसाद पाण्डेय की कहानी 'कविता का दरबार' स्वप्न-शैली में कथ्य का नया प्रयोग रहा। इसमें तथ्यों के साथ प्रारम्भ और स्वप्न-कल्पनाओं के साथ अन्त करने की नई शैली अपनाई गई। पूरी कहानी अतारल्य के कारण बोझिल हो गई। यद्यपि यह मराठी लेखक 'सारदाश्रमवासी' के एक लेख को दृष्टि में रखकर लिखी गई थी फिर भी इसमें कथन की मौलिकता झलकती रही।

'कविता का दरबार' कहानी के आरंभ में प्लेग की भयंकरता का वर्णन किया गया। फिर नरसिंहपुर में नर्मदा नदी की सुरम्यता का चित्रण और इसी संदर्भ में कल्पना-स्वप्न का सृजन करके देवी के दरबार की चर्चा कर दी गई। कविता में 'कल्पना' की अनिवार्यता की सिद्धि के लिए कहानीकार ने 'कल्पना' और 'प्रतिभा' को कविता की सहेली तथा 'स्फूर्ति' को कविता की सेना-स्वामिनी बतलाया। इसी परिप्रेक्ष्य में कहानीकार ने अपने युग के कविता-प्रतिमानों का भावुक वर्णन किया। दरबार के चित्रण में क्रमशः संस्कृत, अंग्रेजी, मराठी, ब्रजभाषा, फारसी और बँगला भाषाओं के प्रमुख कवियों और उनकी प्रसिद्ध रचनाओं का नामोल्लेख किया गया। परन्तु यह सारा वर्णन प्रदर्शनी जैसा हो गया।

इन सभी स्थितियों के बावजूद बंग महिला स्वप्न-माध्यम की कहानियाँ नहीं पसन्द करती थीं क्योंकि ऐसी कहानियों द्वारा मानवीय यथार्थ की परिणति और जीवन के अनुभवों की विश्वसनीय प्रेरणा सम्भव नहीं थी। बंग महिला कहानी-लेखन द्वारा आदमी को अपने परिवेश की कसौटी पर कसना चाहती रही। वे आदमी और उसके परिवेश के सामंजस्य को कहानी-रचना का लक्ष्य मानती रहीं। उन्होंने जो भी कहानी लिखी अथवा जिन भी कहानियों का अनुवाद किया उनसे उनका दृष्टिकोण आसानी से समझा जा सकता है। स्वप्न-कहानियों की तरह संयोग-संश्लेषण के शिल्प पर लिखी गई कहानियाँ उन्हें पसन्द नहीं थीं।

बीसवीं शताब्दी के प्रथम दशक में अधिकांश कहानी संयोग-संश्लेष की ही टेक्नीक पर लिखी गईं। इन कहानियों में रहस्यात्मक अविश्वसनीयता जगाना और इसके लिए विभिन्न संयोगों को एकत्र करना ही प्रमुख वस्तु रही। जासूसी, तिलस्म और एकाएक दैवी परिवर्तनों के फ्लैश को बोधहीन पाठकों के मन पर फेंककर एक अजीब थ्रिल जगाने की कोशिश इन कहानियों में की जाती रही। कुल मिलाकर ये कहानियाँ पाठकों के मन को पकड़ने में समर्थ तो हो जातीं परन्तु उनकी आवाज में अनुभूति की सचाई अथवा प्रेरणा देने की क्षमता नहीं होती। इस मुद्दे पर उन कहानियों को लिया जा सकता है जो उस समय की सबसे अधिक चर्चित कहानियाँ थीं और जिन्हें हिन्दी की प्रथम मौलिक कहानियों का दर्जा दिया गया।

सन् 1900 की 'सरस्वती' में प्रकाशित किशोरी लाल गोस्वामी की कहानी 'इन्दुमती', सन् 1902 के 'सुदर्शन' में प्रकाशित माधव प्रसाद मिश्र की कहानी

'विश्वास का फल', सन् 1903 की 'सरस्वती' में प्रकाशित रामचन्द्र शुक्ल की कहानी 'ग्यारह वर्ष का समय', सन् 1908 के 'हिन्दी प्रदीप' में प्रकाशित बालकृष्ण भट्ट की कहानी 'प्यासा पथिक' और ऐसी ही तमाम-तमाम कहानियाँ संयोग-संश्लेषों द्वारा चमत्कार सृजन करने और कौतूहल बढ़ाने के लिए लिखी गईं। इन कहानियों में से 'इन्दुमती' और 'ग्यारह वर्ष का समय' की विस्तृत चर्चा की गई है। कहानी की इतिहास-रचना में इन कहानियों की सृजन-भूमिका व्यापक स्तर पर स्वीकार की गई है लेकिन यदि रचनात्मक चैतन्य के स्तर पर विचार किया जाए तो ये दोनों कहानियाँ अविश्वसनीय संयोगों के समवाय से सृजित हुई हैं। इन कहानियों में कथात्मक कल्पनाओं का सन्दर्भहीन अन्विति बैठाने की कोशिश की गई है। आचार्य रामचन्द्र शुक्ल और बंग महिला की तुलनात्मक प्रस्तुति से यह बात आसानी से सिद्ध की जा सकती है।

आचार्य रामचन्द्र शुक्ल की कहानी 'ग्यारह वर्ष का समय' ग्यारह घण्टे की भावुकता की कहानी है। पूरी कहानी में कुतूहल की सपाटता फैली हुई है। चमत्कारपूर्ण संयोगों की संहति ही कहानी-रचना का शिल्प है, जबकि बंग महिला परिस्थितियों के उतार-चढ़ाव, अनुभूति की प्रामाणिकता, घटनाओं का यथार्थ और प्रभाव की व्यंजकता को दृष्टि में रखकर लिखने वाली कहानीकार हैं। 'ग्यारह वर्ष का समय' के समानान्तर 'कुम्भ में छोटी बहू' को रखकर देखा जा सकता है।

'ग्यारह वर्ष का समय' में जो विस्मय या सस्पेन्स शुरू हुआ है, वह बीच-बीच में कहानीकार के वक्तव्यों के साथ अन्त तक चलता है और कहानी के अन्त में नैतिक सपाटता कथ्य को उपदेशकता में बदल देती है। कहानी के प्रारंभ में ही 'प्रस्तुत ऋतु की प्रशंसा भी हम दोनों बीच-बीच में करते जाते थे—अहा ! ऋतुओं में उदारता का अभियान यही कर सकता है' आदि के साथ किया गया ऋतु-वर्णन कविता-मानसिकता की अभिव्यक्ति करने लगता है। इसमें घटना के अनुकूल परिस्थितियों के अस्तित्व की स्वतंत्रता खो गई है। उदास मनःस्थिति में चलते हुए दो मित्रों के बीच में कहानीकार का यह बोल देना 'इसे तो (पावस को) कवियों की 'कौंसिल' से 'राय बहादुर' की उपाधि मिलनी चाहिए', कहानी के कथ्य की निरंतरता को खंडित कर देता है। व्यंग्यात्मक स्थिति की प्रस्तुति कितने गलत स्थान पर की गई है।

दो मित्रों के टहलते-टहलते असहज मार्ग-परिवर्तन और किसी बीहड़ पहाड़ी पर अज्ञात आगमन से कहानी का संयोग और चमत्कार इस ढंग से शुरू होता है कि वह ग्यारह वर्षों से विमुक्त पति-पत्नी की आपसी पहचान तक निरन्तर चलता रहता है और इसी के साथ कहानी खत्म हो जाती है। इस सृजन-यात्रा में खण्डहर' के चित्रण में तिलस्मी मानसिकता भरपूर व्यक्त हुई है। परिकथाओं जैसी साँस को थामने वाली स्थितियाँ कहानी के पूरे फैलाव में परिव्याप्त हैं। पाठक जैसे-जैसे इन

स्थितियों से गुजरता है, उसके हृदय का स्पन्दन तीव्रतर होता जाता है। कुल मिलाकर इस कहानी की मानसिकता रहस्य-रोमांचमय हो उठी है। इतनी रहस्यात्मकता 'इन्दुमती' में भी नहीं है। खण्डहर की दुर्गमता और उसमें एक सुन्दरी युवती का स्वेच्छया निर्वासित जीवन जीने की कल्पना असम्भवता और भावुकता के बीच दबी पड़ी है। इस प्रकार यह कहानी असहज की मुखरता के कारण रिक्त पड़ गई है।

बंग महिला ने अपनी कहानियों में ऐसी स्थितियों को आने से नकारा है। यहाँ तक कि विस्मय और कौतूहल वाली कहानी 'दुलाईवाली' में भी विश्वासहीनता तथा स्थिति का बिखराव नहीं है। इसमें संघटना-संव्यूहन और हास्य-व्यंग्य की बुनावट बड़ी साफ-सुथरी है। पूरी कहानी एक रोचक अन्विति से बँधी हुई है। कहानी रचनात्मक भूमि पर प्रवाहित होती हुई और सामयिक सन्दर्भों की खोज करती हुई तत्कालीन जीवन से जुड़ी हुई है। कहानी में कई सांकेतिकताएँ भिन्न-भिन्न स्तरों पर उजागर होती चली हैं। जैसे स्वदेशी-विदेशी चीजों के प्रयोग की तद्‌युगीन चेतना अत्यन्त सांकेतिक ढंग से अभिव्यक्त हुई है, जिसका पुनर्लेखन 'प्रेमचन्द-युग' की कहानियों में बड़े पैमाने पर किया गया है। 'दुलाईवाली' से एक उदाहरण अप्रासंगिक नहीं होगा—

"नहीं, एक देशी धोती पहिनकर आना था, सो भूलकर विलायती ही पहिन आए। नवल कट्टर स्वदेशी हुए हैं न ? वे बंगालियों से भी बढ़ गए हैं। देखेंगे तो दो-चार सुनाए बिना न रहेंगे। और, बात भी ठीक है। नाहक विलायती चीजें मोल लेकर क्यों कपड़ों की बरबादी की जाए ? देशी लेने से भी दाम लगेगा सही, पर रहेगा तो देश ही में।"

तत्कालीन स्वतंत्रता-आन्दोलन की मानसिकता और 'देशी वस्तु' खरीदने में निहित आर्थिक सांकेतिकता का चित्रण करना उस दशक के किसी भी कहानीकार के लिए संभव नहीं हो सका।

इसी प्रकार समाज की आर्थिक विषमता का संकेत भी बंग महिला ने बड़े ही स्वाभाविक ढंग से किया है। गाड़ी या इक्का लाने के प्रश्न पर वंशीधर का कथन समाज के आर्थिक ढाँचे का संकेत करने वाला है—"पैसे वाले के यहाँ नौकर-चाकरों के सिवा और भी दो-चार खुशामदी घेरे रहते हैं। छूछे को कौन पूछे ?"

'दुलाईवाली' में बंग महिला का पूरा 'तजुर्बा' ध्वनित होता है। स्वाभाविकता और यथार्थ-चिन्तन के अतिरिक्त इस कहानी में कहीं भी रोमांचक विस्मय नहीं वर्णित है। इतना जरूर है कि तत्कालीन कहानियों का सबसे उपादेय टेक्नीक 'कुतूहल' रहा है जो 'दुलाईवाली' में भी पाया जाता है। लेकिन कहानी लेखिका ने 'कुतूहल' का अतिरंजन अथवा दुरुपयोग जरा भी नहीं किया है। स्टेशन पर पति के छूट जाने के बाद रेलगाड़ी में अकेली पड़ी किसी भी स्त्री के प्रति वे ही सारी स्थितियाँ आज भी घटित होंगी जो दुलाईवाली में घटित हुई हैं।

'दुलाईवाली' कहानी के तीन खण्ड यथार्थ और उपादेयता का समन्वय करते

हुए कहानीपन को बड़ी त्वरा के साथ आगे बढ़ाने वाले हैं और चौथे खण्ड के अन्त में कहानी की 'चरम सीमा' का सृजन करके कहानी का समापन हुआ है। बीसवीं शताब्दी के पहले दशक में इस प्रकार के कहानी शिल्प का दर्शन दूसरी कहानियों में नहीं होता है। यह थीं बंग महिला जिनकी कहानियों में जीवन की प्रासंगिकताओं का बोध उभरा हुआ है।

तत्कालीन कहानीकारों में लाला पार्वतीनन्दन ने भी कहानी को नया माहौल देने की भरपूर कोशिश की थी। यद्यपि इनका वास्तविक नाम गिरिजा कुमार घोष था, लेकिन इन्होंने अपनी सारी रचनाएँ पार्वतीनन्दन के छद्‌म नाम से ही प्रकाशित करवाईं। लाला पार्वतीनन्दन उस दशक के नामित कहानीकार हैं। तिलस्म और चमत्कार-सृजन की तद्‌युगीन संवेदनाओं के साथ इनकी कहानियों में सामाजिक-संस्पर्श का भी रेखांकन हुआ है। इन्होंने बँगला और अंग्रेजी कहानियों के अनुवाद के साथ-साथ स्वतंत्र रूप से भी कहानियाँ लिखीं। इनकी जो कहानियाँ छायाभास, भावानुवाद और प्रभावित लेखन से अलग हट कर अपना स्वतंत्र अस्तित्व बनाने के लिए युग-संघर्ष करती हैं, उनमें इन्होंने अधिकाधिक मौलिकता लाने की चेष्टा की परन्तु कहानी-लेखन को मोड़ देने वाली शिल्प-विधि की सम्भावनाओं की तलाश इनकी भी कहानियाँ नहीं कर पाईं।

सरस्वती भाग 2 संख्या 5 (मई सन् 1901) पृ. 166 से 181 तक इनकी एक लम्बी कहानी 'प्रेम का फुआरा' प्रकाशित हुई। निश्चित रूप से भोली-भाली नारी के यौन-शोषण को लेकर यह कहानी लिखी गई थी और इसमें कुरूप लड़की के विवाह न होने की समस्या का सामाजिक कथानक प्रस्तुत किया गया परन्तु इसमें घटनाओं का बाहुल्य और उनके घटित होने का संयोग विश्वसनीय सामाजिक संस्थिति सृजित करने में असफल रह गया। कुल मिलाकर कहानी उस युग की अकस्मात् घटनाओं की नियति में फँस कर रह गई।

'प्रेम का फुआरा' कहानी में कुंठाग्रस्त हुसैनी बीबी के चरित्र की प्रभावपूर्ण अवतारणा हुई है। बहुत दिनों तक अविवाहित रह जाने के बाद उसके मानसिक बदलाव और पुरुषों के प्रति घृणा करने लगने के मनोविज्ञान का चित्रण भी निरुद्देश्य नहीं है। अगर इस कहानी में हुसैनी बीबी की कुंठापूर्ण व्यक्तिगतता तक का ही चित्रण रहता तो शायद यह अपनी मौलिकता में अप्रतिम होती परन्तु हुसैनी बीबी के रास्ता भूलने के बाद कहानीकार तिलस्मी परिस्थितियों में घिर जाता है। पहाड़ी खण्डहर पर की बुढ़िया, फुआरा के तीन बूँद पानी का जादूभरा प्रभाव, अकस्मात् घुड़सवार नवाब का मिलन और इसके बाद की सारी संयोगात्मक घटनाएँ असंभव लगने लगती हैं और कहानी में प्रयोगात्मक टेक्नीक का बोध समाप्त हो जाता है।

लाला पार्वतीनन्दन की 'भूतों वाली हवेली' 'सरस्वती' (सन् 1902) अपने नाम से ही रहस्यात्मक वातावरण का बोध कराती है। 'सरस्वती' के लगातार तीन

अंकों में प्रकाशित यह कहानी किशोरीलाल गोस्वामी के 'गुलबहार' की तरह लम्बी है। फलतः ये कहानियाँ कहानी न रहकर लघु उपन्यास हो गई हैं। किशोरीलाल गोस्वामी ने तो खुद लिखा है, 'हमारे इस छोटे से उपन्यास का नायक पूर्व परिचित 'बालक' बहार है।' लाला पार्वतीनन्दन की कहानी 'भूतों वाली हवेली' भी लघु उपन्यास जैसी ही है। इन्होंने अपनी दूसरी कहानियों में मौलिक होने की कोशिश जरूर की है। चाहे वह कोशिश पूरी तरह न भी सफल हुई हो लेकिन तद्युगीन कहानीकारों के बीच अपनी मजबूत स्थिति बनाने में वे कामयाब अवश्य हुए हैं। 'तुम हमारे कौन हो' (सरस्वती 1904) और 'रामलोचन साह' (सरस्वती 1905) में कहानीकार ने कहानी-शिल्प को नया मोड़ देना चाहा है। 'तुम हमारे कौन हो' में प्रयुक्त ललित निबन्ध के तत्त्व कहानी को नई दिशा देने के सार्थक प्रयास रहे हैं। सरस्वती सन् 1906-07 में प्रकाशित इनकी दो कहानियाँ विचारणीय हैं—'मेरा पुनर्जन्म' और 'एक के दो-दो'।

'मेरा पुनर्जन्म' में प्लेग-संत्रास से पीड़ित होने के बाद भगवान की दया के कारण पीड़ा-मुक्त रामाधीन की पूर्व स्मृतियों की कहानी कही गई है। साथ ही इसमें आदमी की स्वार्थवृत्ति और कुत्तों की सेवा-भावना का समान्तर चित्रण किया गया है। इस समान्तरता में आदमी से अधिक विश्वस्त कुत्तों (जानवरों) को सिद्ध किया गया है। जहाँ तक कहानी में प्रवृत्ति-चित्रण को उभारने का प्रयत्न किया है वह कहानीकार की सामाजिक अनुभूतियों की अभिव्यक्ति कराने वाला सिद्ध हुआ है।

यद्यपि कहानीकार ने इसे अपनी मौलिक कहानी सिद्ध करने की चेष्टा की है, लेकिन कहानी के छठवें अंश के उत्तर में लगाई गई सम्पादकीय टिप्पणी से यह साफ जाहिर होता है कि यह कहानी कहीं से चुराई गई थी।

इस कहानी के छठवें अंश में पार्वतीनन्दन जी ने लिखा है, "कथा अधिक बढ़ाने का साहस नहीं होता। डर है कि कहीं सम्पादक महाशय अपने कलम की तेज नोक से मेरे पीड़ित शरीर में नया घाव न कर दें। मेरी दुःखपूर्ण आख्यायिका बहुत लम्बी है। 'सरस्वती' में उस सबके छापने का स्थान नहीं है। बस, इतना ही जान लीजिए कि मैं ज्यों-त्यों कर फिर जी उठा हूँ। परन्तु मेरे नेत्रों की ज्योति बहुत घट गई है।···परन्तु पाठक महाशय, आप मेरी कहानी को उपन्यास मात्र न समझिएगा। मेरी कथा बिल्कुल सही है। मैं अभी जीवित हूँ। यदि मेरे कहने का विश्वास न हो तो आकर मुझे देख जाइए।"

कहानी के उक्त कथन पर व्यंग्य करते हुए सरस्वती-सम्पादक की पाद-टिप्पणी बहुत महत्त्वपूर्ण है। टिप्पणी में सम्पादक ने लिखा है, 'राम अधीन, तुम अभी तक जीते जागते हो, यह सुनकर हम बहुत खुश हुए। तुम अपनी कहानी इससे चौगुनी कर देते तो भी हम उसे काटकर तुम्हारे शरीर से खून निकालने का पाप अपने सिर न लेते। तुम्हारी बात पर हमको विश्वास है। इसलिए आकर तुम्हें देख जाने की

कोई जरूरत नहीं। हाँ, यदि एक दिन के लिए, अपने फावड़े-कुदाली से छुट्टी लेकर, तुम खुद ही हमारे यहाँ चले आते तो हम तुम्हारी मुलाकात अपने चौकीदार भैरव सिंह से करा देते। भैरवसिंह तुम्हारा समदुःखी है। खानदेश में रावेर एक जगह है। जहाँ कपास ऐंठन का एक पेंच है। वहाँ भैरवसिंह एक नौकर था। उसे प्लेग हुआ। इसलिए वह 'क्वारेंटाइन' में भेजा गया। वहाँ से बेहोशी की हालत में वह जंगल को भाग गया। जंगल में पाँच-सात दिन तक दिन को धूप में और रात को ओस में वह अकेला जंगली जीवों के बीच पड़ा रहा। इतने में बीमारी का जोर जाता रहा और होश आने पर वह रावेर लौट आया। जंगल में बेहोशी की हालत में, उसने तुम्हारे ही ऐसे, बल्कि तुमसे भी अधिक, विलक्षण दृश्य देखे। पर खेद है उनको कलमबन्द करने के लिए यहाँ कोई पार्वती का पुत्र नहीं।'

सम्पादक की यह व्यंग्यात्मक टिप्पणी साफ जाहिर करती है कि नाम-स्थान बदल कर टिप्पणी में उल्लिखित किसी विदेशी कहानी को पार्वतीनन्दन ने 'सरस्वती' में प्रकाशित कराया था। इससे उनकी मौलिक सृजनशीलता में सन्देह की गुंजाइश बढ़ जाती है।

बंग महिला ने अपनी कहानियों के लिए इस प्रकार का लेखन-चातुर्य नहीं दिखलाया। इसके विपरीत उन्होंने अपनी लिखी कहानी 'कुम्भ में छोटी बहू' को अपनी पूजनीया माता श्रीमती नीरदवासिनी घोष की बँगला कहानी का अनुवाद घोषित कर दिया। यहाँ तक कि उन्होंने जितने भी लेखों अथवा कहानियों का भावानुवाद किया, उनके मूल लेखक का नाम अवश्य घोषित किया। उन्हें अच्छी तरह ज्ञात था कि मौलिक सृजनशीलता अपने भीतर की वस्तु है। उनका विश्वास था कि दूसरों के लेखन के आधार पर वस्तु-संगठन करने वाले लेखकों का पर्दाफ़ाश किसी न किसी दिन होकर ही रहेगा। उन्होंने अपने इस विचार का उल्लेख 'हिन्दी के ग्रन्थकार' लेख में विस्तार के साथ किया था।

लाला पार्वतीनन्दन की एक दूसरी कहानी 'एक के दो दो' (सरस्वती भाग 7, संख्या 7) दादी-नानी की कहानी की तरह शुरू होती है, 'हजारों वर्ष नहीं, लाखों वर्ष हो गए, एक राजा रहता था।' इस कहानी का वस्तु-चयन भी परिपाटी-बद्ध दन्त-कथाओं के आधार पर किया गया। राजकुमारी का अनुपम सुन्दरी होना, राजा द्वारा विवाह की कोई शर्त निश्चित करना और किसी प्रेम-गद्गद राजकुमार द्वारा चमत्कारिक प्रयोग द्वारा राजकुमारी का हाथ जीतने में सफल होना, इस कहानी की मनोभूमि है। रचना-शिल्प में बनावट का पूर्णतः अभाव है। परम्परा, रूढ़ि-चित्रण और शिल्प में सपाटता साफ झलकती है। परन्तु इसमें प्रयुक्त चमत्कार-प्रयोग निश्चित ही नया है।

उक्त कहानी का राजकुमार, राजकुमारी से विवाह करने के लिए एक-एक दो सिद्ध करने में सफल हो जाता है और राजा का 'राजपाट' भी पा जाता है।

बीजगणित के फार्मूला का चमत्कार निम्न प्रकार है :

$$
\begin{aligned}
\text{अ} &= \text{क्ष} \\
\text{अ क्ष} &= \text{क्ष}^2 \\
\text{अ क्ष} - \text{अ}^2 &= \text{क्ष}^2 - \text{अ}^2 \\
\text{अ (क्ष} - \text{अ)} &= \text{(क्ष} + \text{अ) (क्ष} - \text{अ)} \\
\text{अ} &= \text{क्ष} + \text{अ} \\
\text{अ} &= \text{अ} + \text{अ} \\
\text{अ} &= 2\ \text{अ} \\
1 &= 2
\end{aligned}
$$

इस प्रकार स्पष्ट ज्ञात होता है कि लाला पार्वतीनन्दन और बंग महिला की रचनाशीलता में बहुत अन्तर है। बंग महिला की कहानियाँ सार्वजनीन विश्वास की प्रतिफल रही हैं। मानवीय जीवन के स्पन्दनों की सहजता को लेकर लिखी गईं उनकी कहानियाँ आनुभूतिक मौलिकता का परिचय देने वाली हैं। उनकी कहानियों में टेक्नीक का प्रयोग इस तरह किया गया है जिससे कहानी की यात्रा की सुकरता प्राप्त हो सके। उनके समसामयिक कहानीकारों ने भविष्य की कहानियाँ लिखने की कल्पना तक नहीं की। कहानी-शिल्प का भविष्य देखने में बंग महिला सबसे आगे हैं।

तद्‌युगीन कहानियों के सही मूल्यांकन के लिए पं. माधव प्रसाद मिश्र की कहानियों का विवेचन नितान्त अपेक्षित है। इनकी कहानियों में जीवनानुभूतियों की प्रगाढ़ता साफ झलकती है। कहानी को जीवन-सन्दर्भों के साथ जोड़कर शिल्पात्मक प्रयोग करने में इन्होंने पहल की है। इस तरह बंग महिला की भाँति कहानी-लेखन को वास्तविकताओं से जोड़ने में इन्हें भी सफलता मिली। इनकी कहानियों में भी युग-सापेक्षता के उपादेय स्वर उभरे हुए हैं। माधव प्रसाद मिश्र की कहानी 'विश्वास का फल' (सुदर्शन, अप्रैल 1902, पृ. 10) में युगीन आस्था के साथ एक गरीब औरत का संस्पर्शात्मक चित्रण किया गया है। कहानीकार अपने परिवेश के प्रति पूरी तरह सजग है। इस कहानी में उस समय के 'कलकत्ता' की स्थितियों का बड़ा ही संश्लिष्ट वर्णन किया गया है। चरित्र की मौलिक और विकसित उद्‌भावना तथा संवादों की परिस्थितिजन्य क्षिप्रता के कारण यह कहानी अपने समय के कहानी-लेखन से आगे चलती दिखलाई पड़ती है। कहानी-मानसिकता और शिल्पविधान की दृष्टि से इस कहानी के समानान्तर केवल 'कुम्भ में छोटी बहू' कहानी को ही रखा जा सकता है।

सन् 1902 में लिखी गई किसी कहानी में 'विश्वास का फल' की तरह प्रगतिशील चेतना का उभार सामान्य बात नहीं है। उदाहरण के लिए 'इस शहर में जैसे अमीरों और बड़ी-बड़ी सड़कों और मकानों की भरमार है, उसी तरह मजदूरी पेशेवाले, दीन, लाचार तथा और तरह से औकातगुजारी करने वाले गरीबों और उनके रहने वाले

छोटे-छोटे तंग गन्दे और पुराने मकानों तथा उसी ढब की गंदी बस्तियों की भी कमी नहीं है।' तत्कालीन कलकत्ता के परिवेश के प्रति कहानीकार की दृष्टि काफी सघन और विस्तृत है। प्रारम्भ में ही कहानी का व्यंग्य उभरकर सामने आता है। महानगर की त्रासद स्थितियों की पीड़ा ही इस कहानी का यथार्थ है। कहानी में गन्दी बस्तियों में रहने वाले किराएदारों के पारस्परिक संघर्ष की परिणति द्वारा यथार्थ की अभिव्यक्ति की गई है। अमीरी-गरीबी की द्वन्द्वात्मक संवेदना शुरू से अन्त तक गूँजती रहती है। कहानी की शुरुआत तो सामाजिक चेतना के सूक्ष्म संस्पर्श के साथ होती है, लेकिन 'विश्वास का फल' की व्याख्या करने के लोभ में उत्तरार्ध का अंश आदर्श-कथन में बदल जाता है। इस सन्दर्भ में कहानी के एक-दो उद्धरण अप्रासंगिक न होंगे—

बालक : माँ ! तू पूजा कर चुकी ?

स्त्री : हाँ बेटा कर चुकी।

बालक : बाहर हरी खड़ा है, कहता है पाठशाला में जाने का समय हो गया, मुझे भूख लगी है, बिना खाए मैं पाठशाला में कैसे जाऊँ ?

स्त्री : (लम्बी साँस लेकर और माला रखकर) बेटा, आज तो कुछ खाने को नहीं है, मैं दो-तीन जगह गई थी कहीं से गेहूँ भी नहीं मिला जो पीस कर दे आती और मजूरी के दो पैसे लेकर तेरे खाने का इन्तजाम करती, नवीन की माँ ने गेहूँ देने के लिए दस बजे बुलाया था, सो अब मैं जाती हूँ।

बालक : तो मैं पाठशाला में न जाऊँगा, मुझे बड़ी भूख लगी है तू तो दिन-रात पूजा ही किया करती है, खाने को तो लाती नहीं।

स्त्री : बेटा क्या करूँ तेरे ही लिए तो दिन-रात पूजा किया करती हूँ ठाकुर जी से तेरे खाने के लिए माँगती हूँ।

बालक : क्या तेरे माँगने से ठाकुर जी खाने को दे देंगे ?

स्त्री : क्यों न देंगे ? तमाम दुनिया को देते हैं तो क्या मुझी को न देंगे ?

बालक : तो देते क्यों नहीं ? मुझे बता ठाकुर जी कहाँ हैं, मैं भी उनसे माँगूँ।

स्त्री : (डबडबाई आँखों से) ठाकुर जी बड़ी दूर रहते हैं इसी से मेरी आवाज अभी तक उन्होंने नहीं सुनी।

उपर्युक्त संवाद से साफ जाहिर है कि इसमें भूख की संवेदना उभारने की कोशिश की गई है। लेकिन इस संवेदना की निरन्तरता बहुत आगे नहीं बढ़ पाती क्योंकि कहानीकार भक्ति और उपासना की सार्थकता सिद्ध करने की चेष्टा में आदर्श-भाषण करने लगता है। इस कारण गरीबी और भूख के पीड़ा-चित्रण में विश्वसनीयता की अनूभति तीव्रतर नहीं हो पाती।

बंग महिला ने अपनी सभी कहानियों को इस प्रकार की रूपहीनता से बचाया

है। वे कहानी को जिस धरातल पर खड़ा करती हैं उसी को मजबूत बनाते हुए आगे बढ़ती हैं।

बंग महिला और माधव प्रसाद मिश्र की कहानियाँ युग-प्रवृत्तियों को उभारने और उनको विस्तार देकर उनके साथ अखण्ड तादात्म्य-स्थापन करने में सबसे आगे रही हैं। परन्तु बंग महिला केवल नामोल्लेख तक रह गयीं और माधव प्रसाद मिश्र कहानी के क्षेत्र से निर्वासित हो गए। माधव प्रसाद मिश्र ने सामाजिक बोध के अलावा इतिहास-संवेदना की भी कहानियाँ लिखी हैं। उनकी ऐतिहासिक भाव-भूमि पर आधृत कहानियों में चरित्र-निर्मिति की सहज प्रतिस्थापना हुई है। उनका ऐतिहासिक बोध उनके कहानी-शिल्प के साथ मिलकर सृजनात्मक सोद्देश्यता का रचाव करता है। 'पुरोहित का आत्मत्याग' (सुदर्शन, दिसम्बर 1902, पृ. 29) ऐतिहासिक सन्दर्भों की नवीन खोज करने वाली कहानी है। इसमें चरित्र-अन्वेषण के माध्यम से सामयिक माँग को भी पुरजोर ढंग से उभारा गया है। स्वतंत्रता के लिए संघर्ष के युग में कहानी के नायक प्रताप सिंह के चरित्र की प्रस्तुति विशिष्ट होने के साथ संकेतात्मक भी है। दो भाइयों प्रताप सिंह और शक्त सिंह के पारस्परिक द्वेष का चित्रण करके कहानीकार ने तद्‌युगीन राजनैतिक चेतना को व्यंग्य के फलक पर बड़ी सफलता के साथ उभारा है। दोनों भाइयों के द्वेष की चरम उत्तेजक घड़ी में पुरोहित का आगमन और आत्म-बलिदान द्वारा राज्य को छिन्न-भिन्न होने से बचा लेने का प्रयास भी राष्ट्रीय बोध का प्रतीक बन जाता है। यहाँ कहानी पूरी तरह सांकेतिक हो गयी है। उदाहरण के लिए—'शुभचिन्तक पुरोहित ने जब देखा कि युद्धोन्मुख दोनों भाइयों पर उपदेश का कुछ फल नहीं हुआ, तब उनकी प्राण रक्षा के लिए, स्वदेश के मंगल के लिए और अपने कर्तव्य पालन के लिए अकातर भाव से अम्लान बदन से अपना जीवन विसर्जन कर दिया।' कहानी के अन्त में किए गए कुछ प्रश्न पाठकों का ध्यान आकृष्ट करते हैं और उनसे उत्तर भी माँगते हैं। प्रश्न थे : 'इस महिमा को समझने वाले आज भारत में ऐसे असाधारण पुरुष कितने हैं ? प्रतिध्वनि प्रश्न करती है, कितने हैं ? हमारे प्रश्न का उत्तर कौन देगा ? प्रतिध्वनि पूछ रही है—कौन देगा ?' इस प्रकार यह कहानी ऐतिहासिक परिप्रेक्ष्य में ध्वन्यात्मक संवेदना को जन्म देनेवाली थी। कहानीकार का प्रश्न पूरे युग का प्रश्न था।

कहानी-लेखन के प्रथम दशक में गिरिजा दत्त वाजपेयी का नाम भी समीक्षकों का ध्यान आकृष्ट करता है। सन् 1903 की सरस्वती में इनकी दो कहानियाँ 'पति का पवित्र प्रेम' और 'पण्डित और पण्डितानी' प्रकाशित हुईं। इन्हीं के साथ आचार्य रामचन्द्र शुक्ल की कहानी 'ग्यारह वर्ष का समय', सरस्वती सम्पादक की दो आख्यायिकाएँ 'तीन देवता' और 'महारानी चन्द्रिका और भारतवर्ष का तारा', वैद्यनाथ की अनूदित कहानी 'तोंबी में तूफान', कुमुद बन्धुमित्र की अनूदित कहानी 'दृष्टिदान' और लाला पार्वतीनन्दन की लम्बी कहानी की पहली किश्त 'भूतों वाली कोठरी'

प्रकाशित हुई। इन सभी कहानियों में 'पण्डित और पण्डितानी' का कलात्मक मूल्य सबसे अधिक है। 'पति का पवित्र प्रेम' में वाजपेयी जी ने काल्पनिक चरित्रों के माध्यम से प्रेम के आदर्श की कथा भावुक शैली में कही है। सच्चे प्रेम की परख करने के लिए संयोगपरक घटनाओं की कसौटी अविश्वसनीय-सी हो गई है। कहानी के चरित्र लिली, जेम्स तथा वैरस्फर्ड विदेशी पात्र हैं, परन्तु उनके विदेशीपन को उभारने में कहानीकार को सफलता नहीं मिली है। कुल मिलाकर यह लेखक की उपदेशक-मनोवृत्ति की कहानी बन गई है। फलतः इसमें प्रेम-संवेदना की गहन निगूढ़ता उद्‌घाटित होने से रह गई है। परन्तु वाजपेयी जी की दूसरी कहानी 'पण्डित और पण्डितानी' निश्चित रूप से एक अच्छी कहानी है। इसमें कहानी की मौलिक संवेदना का रचाव दूर तक परिव्याप्त है। अनमेल विवाह (पण्डित 45 वर्ष के और पण्डितानी 20 वर्ष की) को कहानी की आधार-भूमि बनाकर हास्य और व्यंग्य द्वारा कहानी-फलक को विस्तार दिया गया है। अधिक उम्र वाले पति की विवशता का चित्रण भी संकेतात्मक विधि से किया गया है। पच्चीस वर्ष छोटी पत्नी की अर्थहीन इच्छाओं के सामने पण्डित के मानसिक उत्पीड़न का यथार्थ-बोध भी प्रभातोत्पादक है।

इस कहानी का कथ्य-सन्दर्भ इस प्रकार है–

इस कहानी के चरित्र-नायक पण्डित जी अंग्रेजी-संस्कृत आदि भाषाओं के अच्छे ज्ञानी हैं। वे सप्ताह में दो बार मासिक पत्रिकाओं के लिए लेख लिखा करते थे, परन्तु जब भी वे केन्द्रस्थ मानसिकता के साथ लिखने बैठते थे, तभी पण्डितानी सन्दर्भहीन बातें छेड़ दिया करती थीं, जिससे पण्डित जी का लेखन-मनोयोग खण्डित हो जाता था। एक बार जब वे विश्व-विख्यात कवि कालिदास के कविता-चातुर्य पर समीक्षा लिख रहे थे, तभी किसी अखबार में तोते का विज्ञापन देखकर पण्डितानी पण्डित जी से दूकान पर जाकर तोता देख आने और उसे खरीद लाने की जिद पर अड़ जाती है। निरीह पण्डित की झुँझलाहट पण्डितानी की फालतू जिद को तोड़ नहीं पाती है क्योंकि पण्डितानी एक मर्म-भेदी व्यंग्य करते हुए कहती है–'ओह, मैं किसी काठ के पुतले को ब्याही गई हूँ।' पण्डित जी आग्रह करते हैं–'प्राणाधिके ! मैं तुम्हें बोलने से उस समय रोकता हूँ, जब मैं किसी काम में लगा होता हूँ। भला तुम्हीं सोचो कि काम और बातचीत, दोनों साथ ही कैसे हो सकते हैं ?' इस पर पण्डितानी का व्यंग्य और तीखा हो जाता है–'इसीलिए तो मैं तोता पालना चाहती हूँ...।' आखिरकार पण्डित की सारी चेतना कुंठित पड़ जाती है और पण्डितानी के लिए एक नहीं छः तोता लाने की प्रतिज्ञा करते हुए वे जल्दी-जल्दी अपना लेख समाप्त करते हैं।

इस कहानी का व्यंग्य बड़ा ही प्रभावी है। इसमें 'कहानीकार' ने संवादों का संगुम्फन बड़े कौशल के साथ किया है। कहानी की व्यंजकता भी मन को कुरेदने में सफल होती है जो उस समय की कहानियों के लिए एक नई बात थी। यदि

'पण्डित और पण्डितानी' में तोता वाली प्रस्तुति उबाऊ न हुई होती तो यह कहानी बंग महिला की दोनों सामाजिक कहानियों—'कुम्भ में छोटी बहू' और 'दुलाईवाली' से अच्छी सिद्ध हुई होती। बंग महिला अपनी कहानियों में घटना और परिस्थिति का चुनाव और उनका फैलाव अत्यन्त मनोवैज्ञानिक शिल्प में करती रहीं। वाजपेयी जी अपनी कहानियों में उस सीमा तक सफल नहीं हो सके।

कहानी-विकास के इस दशक में दो वाजपेयी और हुए हैं जिनके नामों का उल्लेख आवश्यक है—उदय नारायण वाजपेयी और लक्ष्मीधर वाजपेयी। उदय नारायण बाजपेयी की कहानी 'जननी जन्मभूमिश्च स्वर्गादपि गरीयसी' (सरस्वती सन् 1907, भाग 8, पृ. 350) एक फ्रेंच कहानी का मर्मानुवाद है। इस अनुवाद को केवल मर्मानुवाद की जगह केवल अनुवाद ही लिखा गया होता, तो ठीक होता। इसमें एक फ्रेंच नागरिक की अमेरिका के प्रति आकर्षण की कहानी कही गई है। पिता की मान्यताओं को ठुकराकर अमेरिकी विलास में खोए हुए उस फ्रेंच के हृदय-परिवर्तन द्वारा देश-प्रेम का महत्त्व प्रतिपादन किया गया है। एक समारोह में अपने राष्ट्र फ्रांस के ध्वज और 'मरसी राग' को किसी जर्मन द्वारा अपमानित करते देख उसमें राष्ट्र-प्रेम के जागरण का चित्रण किया गया है। इस प्रकार इस कहानी में राष्ट्रीयता की उच्च मान्यताओं का महत्त्व प्रतिपादित किया गया है। युग की तत्कालीन स्थितियों को देखते हुए इस कहानी द्वारा सृजित सांकेतिकता किसी सीमा तक उद्देश्यपूर्ण है परन्तु कहानी कथ्य में विदेशी कथा मानसिक स्तर पर सामंजस्य स्थापित करने में विफल रही है। क्योंकि वाजपेयी जी की दृष्टि अनुवाद पर अधिक, प्रभवान्विति पर कम टिकी थी।

लक्ष्मीधर वाजपेयी की कहानी 'तीक्ष्ण छुरी' (सरस्वती, सन् 1907, पृ. 391) शीर्षक कहानी ऐतिहासिक है। इसमें इतिहास-वर्णित घटना के माध्यम से अपने ही सगे-सम्बन्धियों द्वारा किए जाने वाले विश्वासघात की गर्हित मनोवृत्ति को कथा-कथ्य बनाया गया है। पिता द्वारा त्याज्य पुत्र कुमार उमराव सिंह का शाहजहाँ के दरबार में नौकरी करना, अपनी स्वभावगत प्रखरता के कारण उनका विरोधी बन बैठना, मुगलों द्वारा आक्रमण होने पर उनके छक्के छुड़ा देना और अन्त में अपने साले अर्जुन गोर के विश्वासघात के कारण 'प्राणों से हाथ धो बैठना', कथा-सूत्र को वर्णन के स्तर पर उभारा गया है। परन्तु इसमें ऐतिहासिक कहानियाँ लिखने का वातावरण पूरी तरह विद्यमान है। इसमें ऐतिहासिक कहानी-लेखन के वे सारे बीज मौजूद हैं, जो आगे चलकर वृन्दावन लाल वर्मा की कहानियों में विकसित हुए।

लक्ष्मीधर वाजपेयी की कहानी 'तीक्ष्ण छुरी' के दो ही वर्ष बाद वृन्दावन लाल वर्मा की ऐतिहासिक कहानी 'राखी बन्द भाई' (सरस्वती, सन् 1909, भाग 10 सं. 9, पृ. 390) प्रकाशित हुई, जिसमें राजपुर के युवा राजा रुद्र प्रताप सिंह की वीरता और प्रेमानुभूति का भावपूर्ण चित्रण हुआ। इस ऐतिहासिक कहानी में कथानक

की गतिशीलता, चरित्र-चित्रण की मौलिक उद्‌भावना और स्थितियों की सानुकूल संयोजना ऐतिहासिक कहानी-लेखन की सारी सम्भावनाओं की व्याख्या कर देती है। कहानीकार ने अनुकूल तथा प्रतिकूल परिवेश का संगुम्फन करके कहानी के द्वन्द्व को प्रामाणिक बनाने में सफलता प्राप्त की है।

'राखी बन्द भाई' कहानी में केन्द्रीय पात्र रुद्रसिंह की वीरोचित कर्तव्य-भावना का प्रतिफलन करा कर उनके चरित्र की उदात्तता की सिद्धि की गई है। कहानी के नाटकीय अन्त में प्रभाव-निरूपण का कौशल आकर्षक है।

कहानी के "इतिवृत्ति के अन्तर्गत नागौर के राजा दिलीप सिंह और रुद्रसिंह की शत्रुता दिखलाई गई है। रुद्रसिंह नागौर के राजा से बदला लेना चाहता है। उसके मन में नागौर राज की पुत्री पन्ना के प्रति पूर्वानुराग की एकान्त भावना उद्वेलित होती रहती है, परन्तु इसका ज्ञान पन्ना को नहीं है। कहानीकार ने प्रेम की इस एकान्त मृदुता का सम्प्रसारण मनोवैज्ञानिक धरातल पर किया है। नागौर पर गयासुद्दीन द्वारा हमला कर देने तथा दिलीप सिंह के असहाय पड़ जाने पर रुद्रसिंह के चारित्रिक वैशिष्ट्य का निरूपण ही इस कहानी की मूल संवेदना है। जो रुद्रसिंह 'पन्ना' की प्राप्ति द्वारा दिलीप सिंह से बदला लेना चाहता है, वही पन्ना की राखी पाकर नागौर की रक्षा के लिए टूट पड़ता है और गयासुद्दीन के सैनिकों को हारकर भागने के लिए विवश कर देता है। लेकिन रनिवास में जाकर उसे मालूम होता है कि जिस लड़की के रूप-सौन्दर्य पर वह आसक्त है, वही पन्ना है और वही उसकी धर्म-भगिनी है। यह भावाघात वह सह नहीं पाता है, फलतः प्राणोत्सर्ग कर देता है।" इन सारी घटनाओं में घात-प्रतिघात का सूक्ष्म-संव्यूहन करके वृन्दावन लाल वर्मा ने ऐतिहासिक इतिवृत्ति को कहानी की तीव्र संवेदना से निबद्ध कर दिया है। इसी ऐतिहासिक शैली में इनकी कहानी 'तातार और एक वीर राजपूत' (सरस्वती, सन् 1910, भाग 11, सं. 10, पृ. 457) भी प्रकाशित हुई है, जिसमें कहानीकार ने तातार इस्माइल खाँ के चरित्र-परिदृश्य में अवतार सिंह के वीरत्व की सिद्धि की है और इस प्रकार सुकेशी (चमेली) और वीर सिंह के प्रेम-मिलन का फलोदय किया गया है।

इस प्रकार माधव प्रसाद मिश्र ने 'पुरोहित का आत्मत्याग' कहानी लिखकर ऐतिहासिक कहानी-लेखन की जो नींव डाली थी, उसका विकास लक्ष्मीधर वाजपेयी में हुआ और इनकी प्रेरणा के फलस्वरूप कहानी-लेखन की इस शैली की चरम परिणति वृन्दावन लाल वर्मा में हुई। यद्यपि बंग महिला ने मौलिक ऐतिहासिक कहानियाँ नहीं लिखी हैं, परन्तु 'दालिया' (सरस्वती, सन् 1909, भाग 10, सं. 6, पृ. 256) (यह रवीन्द्रनाथ ठाकुर की कहानी का अनुवाद है) में इतिहास के इतिवृत्ति को कहानी की अस्मिता से जिस सृजन-कौशल द्वारा मिलाया है, वह न तो 'पुरोहित का आत्मत्याग' में है, न 'तीक्ष्ण छुरी' में और न 'तातार और एक वीर राजपूत' में है। इतिवृत्ति में कहानी की प्राण-प्रतिष्ठा कर देना बंग महिला की अपनी निजी विशेषता रही है।

हिन्दी कहानी-रचना के प्रथम दशक में लिखी आत्मकथ्य शैली की कहानियाँ प्रायः विचार-प्रधान रही हैं। सामाजिक तथ्य के परिप्रेक्ष्य में लिखी इन कहानियों में कल्पना की सहज शृंखलाएँ प्रवहमान होती चली गई हैं। आत्मकथ्य-शिल्प की इन कहानियों में नैबन्धिक तत्त्व भी उभरे हुए हैं। यही कारण रहा है कि इनमें से कुछ कहानियाँ तद्‌युगीन साहित्यकारों में निबन्ध के रूप में ही स्वीकृत की गईं। हिन्दी कहानियों में आत्मकथा-प्रधान कहानियों की उद्‌भावना सबसे पहले कार्तिक प्रसाद खत्री ने की थी। सबसे पहले ख़त्री जी की आत्मकथ्य-शिल्प की कहानी 'दामोदर राव की आत्मकहानी'(सरस्वती, सन् 1900, भाग 1, सं. 8, पृष्ठ 263) में प्रकाशित हुई। कहानीकार ने यथार्थ और प्रामाणिकता को दृष्टि में रखकर उत्तम पुरुष में कथा-वर्णन के इस शिल्प का आविष्कार किया था। इस शैली में लिखी कहानियों द्वारा जीवन की रूढ़ियों और आत्महीनता के कारण कुंठाक्रान्त लोगों पर व्यंग्य करने का पूरा अवसर मिल जाता था। कहानी-लेखन की इस सार्थकता से आकृष्ट होकर यशोदा नन्दन अखौरी, महेन्दु लाल गर्ग, वेंकटेश नारायण त्रिपाठी, श्री लाल शालग्राम पंड्या आदि ने भी इस शैली में कहानियाँ लिखीं। 'इत्यादि की आत्म कहानी' (यशोदा नन्दन अखौरी) अत्यन्त कलात्मक शैली में लिखी गई है। शब्द-रचना और उसके बढ़ते प्रयोग को आत्म कहानी के रूप में ढाल कर अखौरी ने आत्मकथ्य की अभिनव-दिशा की तलाश की है। पूरी कहानी में व्यंग्यात्मक स्थितियाँ उभरी हुई हैं। सच पूछिए तो 'शब्द-समाज में यदि मैं, 'इत्यादि', न रहता, तो लेखकों और वक्ताओं की न जाने, क्या दुर्दशा होती', जैसे वाक्यों में भाषा की त्वरा और व्यंग्य का पैनापन, दोनों विद्यमान हैं। 'इत्यादि' द्वारा अपने जन्म, कुल, नामकरण, गुण, शक्ति-क्षमता, परोपकार-वृत्ति और ज्योतिषी द्वारा अपने अदृष्ट ज्ञान की कहानी बड़ी ही चुस्त शैली में वर्णित की गई हैं। एक स्थान पर अपने जनवादी स्वरूप का परिचय देते हुए 'इत्यादि' कहता है–''मुझमें यह भारी गुण है, कि क्यां राजा, क्या रंक, क्या पण्डित, क्या मूर्ख, किसी के घर जाने-आने से मैं संकोच नहीं करता, और अपनी मानहानि नहीं समझता।'' 'इत्यादि' की बातों में उसका परोपकारी व्यक्तित्व भी उभरा हुआ है, ''मैं छोटे-छोटे वक्ताओं और लेखकों की दरिद्रता झटपट दूर कर देता हूँ।''

हालाँकि 'पेट की आत्म कहानी' (महेन्दु लाल गर्ग) को सरस्वती में आख्यायिका के रूप में न प्रकाशित करके 'विज्ञान-विषय' शीर्षक में प्रकाशित किया गया है, फिर भी इसमें चित्रण का तीखापन उभरा हुआ है। उक्त दोनों आत्मकथ्यों में कौतूहल के साथ कथा का प्रवाह भी चलता रहता है। आगे चलकर परवर्ती आत्मकथ्य प्रधान कहानियों को इनसे बहुत अधिक प्रेरणा मिली। इनमें कहानी का संवेद्य और विचार-तर्कों की संस्थापना साथ-साथ पाई जाती है। लेकिन दो वर्ष बाद सन् 1906 में 'एक अशरफी की आत्म कहानी' (वेंकटेश नारायण त्रिपाठी) में केवल घटनाओं का संकलन किया

गया है। स्वप्न-शैली, यात्रा-कथा और आत्मकथ्य तीनों के संगुम्फन से कहानी का विकास किया गया है। फलतः घटना-बाहुल्य के अलावा न तो इसमें व्यंग्य की तल्खी है, और न वैचारिक भावमयता। इसकी घटनाओं में ऐतिहासिक सन्दर्भों को उभारने की चेष्टा शायद इसलिए करनी पड़ी है कि इसमें एक अशरफी की यात्रा का वर्णन है। इस कहानी में अन्विति के सूत्र बड़े मजबूत नहीं हैं। फिर भी कहानी में रोचकता बनाए रखने का प्रयास अवश्य सफल हुआ है। 'एक ज्योतिषी की आत्म कहानी' (श्री लाल शालग्राम पंड्या) एक गुजराती मासिक-पत्र 'महाकाल' के किसी लेख का अनुवाद है। इसलिए इसमें मौलिक उद्भावनाओं की कमी है। अनुवाद की तरलता और रोचकता का निर्वाह भी नहीं हो पाया है। दो किस्तों में समाप्त इस आत्मकथ्य-प्रधान कहानी में रचनाशीलता का वक्तव्य बिखरा हुआ है।

कहानी के क्षेत्र में बंग महिला ने इस आत्मकथ्य-प्रधान शैली का जितना विकास किया है, उतना उपयुक्त विकास कोई भी कहानीकार नहीं कर सका है। इन्होंने आत्मकथ्य-शैली को नवीन मुद्रा प्रदान की और कहानी को पूरे तेवर के साथ आगे बढ़ाया। इनकी कहानी—'चन्द्रदेव से मेरी बातें' आत्मकथ्य-विधा को काफी आगे बढ़ाने वाली है। इस कहानी का व्यंग्य अपने युग की राजनीतिक और सामाजिक विद्रूपता पर कशाघात करने वाला था। इसमें भारत के ह्रास-चित्रण के साथ अंग्रेजों की जातिगत पक्षपात-नीति का पर्दाफाश व्यंग्यात्मक शिल्प में किया गया। अंग्रेजी सरकार के असंगत कार्यों की आलोचना चन्द्रदेव से बात करने के बहाने की गयी। इसमें युग-सन्दर्भों के उभार का तेवर अत्यन्त साहसिक है। 'एक छोटी-सी कहानी' में विचारों, तर्कों, समय की प्रवृत्तियों और राजनीतिक आयामों को एकसूत्रता में बाँध कर कहानी का रूप दे देना केवल बंग महिला के बूते की बात थी।

'चन्द्रदेव से मेरी बातें' आख्यायिका बंग महिला के साहसिक लेखन का दस्तावेज है। सन् 1906 में अँगरेज शासकों पर इतने तीखे व्यंग्य करके कहानीकार ने अपने व्यक्तित्व की दृढ़ता का परिचय दिया था। जिससे ज्ञात होता है कि उनके हृदय में राष्ट्रीय भावना की उद्दाम धारा कितनी आक्रामक हो उठी थी। उन्होंने अँगरेज शासकों के अनुग्रह पर जीने वाले भारतीयों पर व्यंग्य करके उनकी निरीहता की भरपूर खिल्ली उड़ाई। यह कहानी आत्मकथ्य और अभिकल्पना शैली का मिश्रित रूप है। इसमें कथा-लेखन की जो विधा व्यवहृत हुई है, वह आज के ललित निबन्धों के कलेवर के साथ अवतरित हुई। बंग महिला ने 'चन्द्रदेव से मेरी बातें' में अपने समय के कहानीकारों के सामने आख्यायिका-लेखन के जिस नवशिल्प की संस्थापना कर दी थी, आगे चलकर उसका विकास कई रूपों में हुआ। यह आख्यायिका साफ जाहिर करती है कि बंग महिला महज सार्थक लेखन को ही महत्त्व देती थीं। उनका कहानी-लेखन मनोरंजन का सतही क्रीड़ांकन नहीं था। उक्त कहानी में उन्होंने भारतवासियों को कुछ सोचने-विचारने पर मजबूर किया। और युगीन प्रश्नों को सघन

सन्दर्भ देकर ज्वलन्त बना दिया। भावपूर्ण सानुप्रासिक शैली में दिल को तिलमिला देने वाली बातों के विन्यास में कहीं विरोधाभास नहीं है। कहीं-कहीं व्यंग्यों की आक्रामकता अँगरेजों की शासन-पद्धति पर सीधे प्रहार करने वाली हो गई। उस समय इस प्रकार का लेखन और इस प्रकार के लेखन का प्रकाशन दोनों ही विस्मायक थे। इस आख्यायिका से उद्धृत कुछ वाक्य निश्चित रूप से आस्वाद्य होंगे—'अच्छा यदि आपको अँगरेज जाति की सेवा करना स्वीकार हो तो, एक 'एप्लिकेशन' (निवेदन पत्र) हमारे आधुनिक महाप्रभु लार्ड कर्जन के पास भेज देवें। आशा है कि वे आपको आदरपूर्वक अवश्य आवाहन करेंगे। क्योंकि आप अधम भारतवासियों की भाँति कृष्णांग तो हैं ही नहीं, जो आपको अच्छी नौकरी देने में आपकी गौरांग जाति कुपित हो उठेगी।' उन्होंने अंग्रेज-शासकों की जातीय पक्षधरता पर आक्रमण करते हुए लिखा, 'ओ हो ! देवता भी अपनी जाति के पक्षपाती होते हैं।...तब यदि मनुष्य होकर हमारे अँगरेज अपने जाति वालों का पक्षपात करें, तो आश्चर्य ही क्या ?'

कहानीकार ने तद्‌युगीन राजाओं-महाराजाओं की भीरू तथा लोलुप नीति को कड़े लहजे में धिक्कारा, 'यों तो यहाँ प्रतिवर्ष पदवी दान के लिए कितने ही राज्य-विहीन राजाओं की सृष्टि हुआ करती है। पर आपके वंशधरों में जो दो-चार राजा-महाराजा नाममात्र को हैं भी, वे काठ के पुतलों की भाँति हैं।' इसमें 'काठ के पुतले' प्रयोग द्वारा राजाओं-महाराजाओं की अकर्मण्यता और उनकी पद-लोलुपता पर भरपूर चोट की गयी लेकिन 'हमारे यहाँ के उच्च शिक्षा प्राप्त युवक काठ के पुतलों की भाँति मुँह ताकते रह जाते हैं' में उक्त मुहाविरा तत्कालीन स्थितियों का रेखांकन करने वाला हो गया। साफ जाहिर है कि बंग महिला जानती थीं कि एक ही तूली से कहाँ कौन-सा रंग भरना उपयोगी हो सकता था। भाषा के उभार और दबाव की शक्ति इन्हें खूब मालूम थी।

'चन्द्रदेव से मेरी बातें' में सामयिक स्थितियों का उद्‌घाटन सम्बोधन के स्तर पर किया गया। 'लार्ड कर्जन की कमीशन और मिशन, दोनों ही, अत्यन्त प्रिय हैं।' द्वारा बार-बार कमीशन बैठाने की छद्‌म सहानुभूति पर व्यंग्य करने के साथ ही ईसाई मिशनरियों के फैलाव के प्रति भारतीयों को आगाह किया गया। इस कहानी में प्लेग की विभीषिका और अंग्रेजों और डाक्टरों की असफलता की स्थिति का भी चित्रण किया गया। कलकत्ता में बड़े-बड़े कल-कारखानों की स्थापना, और उद्योगों में इलेक्ट्रिसिटी के प्रारम्भिक प्रयोग के वर्णन से उस समय की आर्थिक और औद्योगिक स्थिति का भी पता चलता है। लेकिन इन रुक्ष विचारों के प्रस्तुतीकरण में भी कथन की भंगिमा और भाषिक रचाव का बाँकपन बड़ा ही आकर्षक है। उदाहरण के तौर पर देखा जा सकता है, 'जिस व्योमवासिनी विद्युत देवी को स्पर्श तक करने का किसी व्यक्ति को साहस नहीं हो सकता, वही आज पराए घर में आश्रिता नारियों की भाँति ऐसे दबाव में पड़ी है, कि वह चूँ तक नहीं कर सकती। क्या करे ?

बेचारी के भाग्य में दासी-वृत्ति ही लिखा है।' एक-दो वाक्यों में ही भारत की दासता पर व्यंग्य और बिजली के पालतू बनने की नियति का वर्णन करना बंग महिला के संरचना-शिल्प का अच्छा उदाहरण है। चन्द्रमा के माध्यम से भारतीयों पर व्यंग्य और अंग्रेजों पर आक्रमण करती हुई वे लिखती हैं, 'जब बम्बई में स्वर्गीया महारानी विक्टोरिया देवी की प्रतिमूर्ति से काला दाग छुड़ाने में प्रोफेसर गज्जर महाशय फलीभूत हुए हैं, तब क्या आपके मुख की कालिमा छुड़ाने में वे फलीभूत न होंगे ?' हिन्दी कहानी-लेखन के प्रथम दो दशकों में इस प्रकार सामाजिक समस्याओं के नए क्षितिजों का संस्पर्श किसी भी दूसरे कहानीकार में नहीं पाया जाता। बंग महिला की इस कहानी में भारतेन्दु के नाटकों की तरह सांस्कृतिक राजनीतिक नवजागरण के स्वर पूरी तरह उभरे हुए हैं। 'हिन्दी साहित्य का इतिहास' लिखने वाले बंग महिला का सही मूल्यांकन नहीं कर सके हैं। उनके सन्दर्भ में आचार्य रामचन्द्र शुक्ल ने जितना उल्लेख कर दिया वहीं तक आगे के इतिहास-लेखक और समीक्षक बँधे रह गए।

बंग महिला ने जो काम अपनी कहानियों के माध्यम से कर दिखाया, वह काम तत्कालीन निबन्धकारों द्वारा भी नहीं किया जा सका। कहानी द्वारा राष्ट्रीय चेतना जगाने का काम बीसवीं शताब्दी के पहले अथवा दूसरे दशक में सम्भव नहीं था। 'चन्द्रदेव से मेरी बातें' पाठकों के मन में सवालों का काफिला उठा देने वाली आख्यायिका है। इसमें ऐसे तमाम सवाल उभरे जो सामाजिक थे, सांस्कृतिक थे और राजनीति के साथ राष्ट्रीय भी थे। आख्यायिका का आरम्भ ही सवालों से किया गया है, 'भगवान चन्द्रदेव ! आपके कमलवत कोमल चरणों में इस दासी का अनेक बार प्रणाम। आज मैं आपसे दो-चार बातें करने की इच्छा रखती हूँ, क्या मेरे प्रश्नों का उत्तर आप प्रदान करेंगे ?' द्विवेदी युगीन आत्मकथ्य शिल्प की कहानियों का तुलनात्मक मूल्यांकन करने से यह बात साफ हो जाती है कि बंग महिला इस शैली की कहानी लिखने में पूर्णतया मौलिक और अन्य कहानीकारों से कुछ कदम आगे थीं।

कहानी-सृजन के प्रारम्भिक दो दशक मुख्यतः चमत्कार और कुतूहल की अवधि रहे। इस अवधि में कल्पना, इतिहास और विज्ञान से सम्बद्ध वस्तु-विधान में चमत्कारिक घटनाएँ भरकर कहानी को रहस्य, रोमांच और मनोरंजन का साधन बनाया गया। ऐसी बहुत थोड़ी कहानियाँ लिखी गईं, जो मानव-मन की निगूढ़ अन्तर्वृत्तियों का ग्रन्थि-विमोचन करतीं। बंग महिला की सारी कहानियाँ अन्तर्वृत्ति निरूपणी रही हैं। इन्होंने कहानियों द्वारा सामाजिक चैतन्य, सांस्कृतिक उत्थापन और राजनीतिक चेतना का अभियान शुरू किया। बंग महिला ने वैचारिक अभियान द्वारा जीवनानुभूत और यथार्थ परिस्थितियों को कहानी का माध्यम बनाया। इस तरह तद्‌युगीन कहानियों में मौलिक लेखन की तलाश, वातावरण का प्रतिफलन और प्रामाणिक घटना-क्रम की संयोजना शुरू हुई। बंग महिला से पूर्व अधिकांश कहानीकार इस सत्य को नहीं

पकड़ पाए थे। वे लोग विस्मयजनक अद्भुत कहानियाँ लिख रहे थे। वासुदेव मिश्र की 'अद्भुत योगायोग' (सरस्वती, सन् 1904, भाग 5, पृ. 340, 385), राजा पृथ्वीपाल सिंह की 'एक अलौकिक घटना' (सरस्वती, सन् 1904, भाग 5, पृ. 316), सूर्य नारायण दीक्षित की 'चन्द्रहास का अद्भुत आख्यान' (सरस्वती, सन् 1906, भाग 7), कुन्दन लाल शाह की 'प्रत्युपकार का एक अद्भुत उदाहरण' (सरस्वती, सन् 1909, भाग 10) आदि कहानियाँ अलौकिकता का परिवेश सृजित करने में लगी रहीं। इन कहानियों में मानव-जीवन के मुक्त अनुभवों का अभाव है। इसलिए इनमें सामाजिक सम्पृक्ति अथवा पाठकीय तादात्म्य की खोज करना व्यर्थ है। यथा—शीर्षक तथा घटनाएँ ही इन कहानियों का ज्ञात-तथ्य हैं। इसी प्रकार कुमुदबन्धु मित्र की कहानी 'अज्ञान और विज्ञान' (सरस्वती, सन् 1904, भाग 5, सम्वत् 4, पृ. 8, 49) में विज्ञान के तात्कालिक चमत्कार के प्रति एक अनाड़ी के विस्मय और उसके प्रयोग की भूलों को लेकर साधारण हास्य का सृजन किया गया है। कहानीकार ने अनुवाद (विज्ञान दर्पण से) में भी अपनी ओर से चमत्कार भरने की कोशिश की क्योंकि ढर्रा को छोड़कर साहस दिखाने की मौलिकता साधारण बात नहीं थी। महावीर प्रसाद की कहानी 'स्वर्ग की झलक' (सरस्वती, सन् 1904, पृ. 82), चतुर्वेदी की कहानी 'भूल भुलैया' (सरस्वती, सन् 1906), रामजी लाल शर्मा की 'आख्यायिका' (सरस्वती, सन् 1907), प्रमथनाथ भट्टाचार्य की कहानी 'पक्का गठिबन्धन' (सरस्वती सन् 1907, पृ. 307), मधुमंगल मिश्र की कहानी 'भुतही कोठरी' (सरस्वती सन् 1908, पृ. 488), बालकृष्ण भट्ट की कहानी 'प्यासा पथिक' (हिन्दी प्रदीप, सन् 1905, जिल्द 27, सम्वत् 8, पृ. 13), और 'पढ़ने वालों के समझ की परख' (हिन्दी प्रदीप, सन् 1908, जिल्द 30, सम्वत् 3, पृ. 31), चन्द्रधर शर्मा की कहानी 'घण्टाघर' (वैश्योपकारक, सन् 1905, सम्वत् 8), ईश्वरी प्रसाद शर्मा की कहानियाँ 'वीर बालक' और 'पत्नीव्रत' (मर्यादा, सन् 1911, भाग 1, सम्वत् 5,6) और इसी प्रकार की तद्युगीन दूसरी कहानियों की मानसिकता इतिहास उद्धरण अथवा विस्मयोद्बोधन तक सीमित रहीं। पूरे एक दशक तक कहानी-लेखन करने वाले आरा निवासी ईश्वरी प्रसाद शर्मा भी अपनी कहानियों—'वीर-बालक' और 'पत्नीव्रत'—में कहानी-कला को आगे बढ़ाते हुए नहीं प्रतीत होते। इनकी कहानियाँ सामाजिक-सांस्कृतिक चिन्तन के धरातल पर तो लिखी गईं परन्तु उनमें संस्पर्श का वेग नहीं रहा। इसलिए इनकी कहानियाँ मात्र वर्णन-प्रधान होकर रह गईं।

ईश्वरी प्रसाद शर्मा ने 'वीर बालक' कहानी 'मैं' शैली में लिखी। इसमें एक बालक की साहसिकता और एक बालिका की शील-रक्षा की सचेष्टता के प्रतिफलन के लिए चित्रित वातावरण बेहद अस्वाभाविक हो गया। स्थितियों की स्वायत्तता भी नहीं हो पाई। हालाँकि इस कहानी में मेला, मन्दिर व्यवस्था, पण्डा-पुरोहित-वृत्ति, उपासना के छद्म ओढ़े लफंगों की करतूत और इनसे जूझने वाले बालक की

साहसिकता का वर्णन करके व्यंग्य और आदर्श दोनों उद्देश्यों की पूर्ति करने की चेष्टा की गई फिर भी न व्यंग्य का घनत्व सृजित हो पाया और न आदर्श की भावुकता ही जन्म ले सकी। अपने कर्तव्य के प्रति समर्पित बालक जिला मजिस्ट्रेट से 200 रुपए का पुरस्कार लेना अस्वीकार करता है और एक विस्मायक सुखान्त करते हुए कहानीकार कहता है–"जो हो, उसने आर्थिक पुरस्कार नहीं ग्रहण किया, अच्छा ही किया। परमात्मा ने उसे ऐसा अलभ्य रत्न पुरस्कार में दिया, जिसके आगे वे 200 रुपए के क्षुद्र पत्र-खंड तुच्छातितुच्छ पदार्थ थे। तो सुनिए पाठक, वह अलभ्य लाभ कौन था ? जिस सुन्दरी बालिका को उस नवयुवक ने इस संकट से उद्धार किया था, विधि की विचित्र विधि के प्रताप से उस युवक का ब्याह दो मास पश्चात् उसी अनिंद्य सुन्दरी से हुआ।" कहानीकार का उस प्रकार का कथन कहानी की प्रभावान्विति को निर्बल बना देता हैं। बंग महिला अपनी कहानियों में स्थितियों द्वारा स्थितियों को उकसा कर घटना-क्रम को आगे बढ़ाती रहीं। उनमें अपनी ओर से उद्घोषणाएँ नहीं की गईं। वे जहाँ बोलती भी हैं, वहाँ कहानी का एक हिस्सा बन जाती हैं। कहानीकार के रूप में उनका बोलना ध्वन्यात्मक होता रहा। 'दुलाईवाली' का अन्त करते हुए जब वे कहती हैं–"खैर, दोनों मित्र अपनी-अपनी घरवाली को लेकर राजी-खुशी घर पहुँचे और मुझे भी उनकी यह राम कहानी लिखने से छुट्टी मिली।" तो कहानीकार के शब्दों में लेखन का एक नया शिल्प जन्म लेता है। लगता है कि उनके इस कथन में ही इस कहानी की सारी प्रामाणिकताएँ निहित हैं।

ईश्वरी प्रसाद शर्मा की दूसरी कहानी 'पत्नीव्रत' धर्मोपदेशकों की शैली में लिखी गई थी। इसमें कहीं भी यथार्थ की परिणति नहीं हो पाई। कहीं भी प्रस्तुति और विन्यास का उभार नहीं हुआ। पूरी कहानी पाठकों के कन्धे पर लटकती हुई आगे बढ़ती रही।

'उक्त' कहानी विधवा-विवाह करने के विरोध के साथ एक से अधिक विवाह न करने की उपदेशक मुद्रा में आगे बढ़ती है। शर्मा की सभी कहानियों में तत्कालीन रूढ़ि से बँधे हुए ब्राह्मणों की मानसिकता की अभिव्यक्ति हुई है। 'पत्नीव्रत' कहानी का तीसरा खण्ड कहानी का उद्देश्य खण्ड है। पूरा खण्ड पढ़ने योग्य है–"किशोरी की मृत्यु होने के बाद से भुवन के जीवन का आनन्द सदा के लिए विदा हो गया। पत्नी के मृत्यु-काल का वह वार्तालाप, गोद में सिर रखे हुए उसका वह हृदय दाही प्राण विसर्जन वे जन्म-भर नहीं भूले। पत्नी की स्मृति वे कभी अपने जी से नहीं भुला सके। जब कभी उनको अपनी प्राणाधिका प्रियतमा की स्मृति आ जाती, तब वे आँसू गिरा-गिरा कर रोने लगते। भुवन पूर्ण पत्नीव्रत थे, वे अपनी प्रतिज्ञा में अटल थे, उन्होंने अपनी प्रतिज्ञानुसार जन्म-भर फिर दूसरा विवाह नहीं किया।" इसके बाद कहानी का यात्रान्त होता है, "भारत की महिलाएँ चिरकाल से अपने पतिव्रत-धर्म के लिए प्रसिद्ध हैं, अपने इसी गुण से उन्होंने जगत् भर के स्त्री-संसार में ऊँचा

आसन पाया है। किन्तु दुर्भाग्य से धीरे-धीरे इस धर्म का भी ह्रास होता चला जाता है और विधवा विवाहादि के प्रचार की आवश्यकता बतलाई जा रही है, इसका एकमात्र कारण यही है कि यहाँ के पुरुष अपने पत्नीव्रत को भूल से गए हैं और दिन-दिन यहाँ के पुरुषों से यह धर्म विदा होता जाता है किन्तु इस दुर्दिन में भी कभी-कभी भुवन के से पत्नीव्रत दिखलाई पड़ते हैं। ''वह क्या ही सौभाग्य का दिन होगा, जब भारत के घर-घर पत्नीव्रत पुरुषों और पतिव्रता स्त्रियों का अवतार हुआ करेगा।'' कहने की जरूरत नहीं है कि कहानीकार बदलते हुए युग-सन्दर्भों को धर्म की कमजोर रस्सी में बाँधना चाहता रहा। कहानी का अन्त उस लुटे हुए आदमी की दुर्नियति की तरह है, जो स्वयं की कमजोरी के कारण लूटने वालों की ओर हाथ उठाकर 'पकड़ो-पकड़ो', चिल्लाता हुआ खुद बैठा रह जाता है। किसी खास उद्देश्य की घोषणा करके लिखी हुई ऐसी कहानियों का उद्देश्य कितना हीनप्राण हो जाता है। यह बात इस कहानी से सिद्ध हो जाती है। बंग महिला की एक भी कहानी में उद्देश्य का बिखराव नहीं होने पाया है और न तो उन्होंने कोई ऐसी कहानी लिखी है जो उद्देश्यहीन मनोरंजन के लिए रही हो।

इस प्रकार हम देखते हैं कि कहानी विकास के प्रथम दशक में बंग महिला का कहानीकार व्यक्तित्व तमाम दूसरे कहानीकारों से अधिक सृजनशील था। कहानी को सोद्देश्यता से जोड़ने और जीवनानुभवों से सम्पृक्त करने में बंग महिला ने ही पहल की है। पहले ही दशक में कहानी-लेखन के शिल्प का बहुमुखी विकास करके बंग महिला ने लेखकीय ढर्रा को तोड़ दिया था और रचनात्मकता की नयी भूमि तैयार की थी। इन्होंने कहानियों में युगीन बोध की अभिव्यक्ति को अधिक महत्त्व दिया। कहानी-रचना की युगीन शैली को हल्का-सा मोड़ देकर इन्होंने अभिनव शिल्प-संरचना की मानसिकता बनाई। वस्तु-संचयन को सतही मनोरंजन अथवा विस्मयजनक आकस्मिकताओं से हटाकर यथार्थ और उपयोगिता के धरातल पर खड़ा किया। उनके सामने कुछ चुनौतियाँ थीं और सामाजिक, सांस्कृतिक और राजनीतिक स्तर की माँगें थीं। बंग महिला ने अपने युग की आवाज सुनी और अपनी कहानियों के माध्यम से उन चुनौतियों के लिए जागरूक पाठक तैयार किए। उस दशक में सामाजिक अथवा राजनीतिक चेतना को रचनात्मक स्तर पर उतारना सहज नहीं था। बंग महिला ने अपनी रचनाओं द्वारा इसी असहजता की चुनौती स्वीकार की।

तद्‌युगीन कहानीकारों को यह विश्वास ही नहीं था कि समाज के युगीन प्रश्न भी लेखकीय सन्दर्भ बन सकते थे। परन्तु बंग महिला ने यह दुष्कर कार्य कर दिखाया। उन्होंने एक छोटे से दायरे में ठहरी हुई रचनाधर्मिता और स्टीरियोटाइप्ड शिल्प को गतिशीलता प्रदान की। समकालिक कहानीकारों के बीच अपने जिए हुए क्षणों और अनुभूत घटनाओं को पकड़ने में वे अकेली लेखिका रहीं। चारों ओर बिखरी हुई स्थितियों के भीतर से कहानी-कथ्य को संचित करके और उसे जीवन के व्यापक सन्दर्भों में

परख करके कहानी लिखने का काम इन्होंने ही किया।

जिस समय बंग महिला अन्य तमाम कहानीकारों के साथ रचना क्षेत्र में उतरीं उस समय बुनियादी जरूरत थी देश की आजादी और साथ ही सांस्कृतिक क्रान्ति यानी बहुत बड़े पैमाने पर फैली हुई रूढ़ियों तथा अन्धमोहों से देश की मुक्ति। हालाँकि इन्होंने मौलिक कहानियाँ चार-पाँच ही लिखीं परन्तु जो भी लिखीं उनमें युग-आवश्यकताओं को मुखर बनाने की अभिनवता दिखलाई। इसलिए समकालीन कहानीकारों के बीच इनका लेखन साफ पहचाना जा सकता है।

# प्रासंगिक भाषा का अभियान

बंग महिला के लिए जिस प्रकार कहानी का कथ्य एक चुनौती था, उसी प्रकार कहानी की भाषा भी इनके लिए एक तलाश थी। उन्होंने तद्‌युगीन स्थितियों और भाषा के बीच नया सेतु तैयार किया। उनके लिए भाषा कहानी लिखने के लिए शब्दों का समवाय मात्र नहीं थी, बल्कि मानवीय संवेदनाओं और तद्‌युगीन सामाजिक अवस्थाओं की व्याख्या का सजीव माध्यम थी। यही कारण रहा है कि बंग महिला ने भाषा को प्रासंगिकताओं से जोड़ने में जो महारत हासिल की, वह और को नहीं मिल पाई। वे अपनी कहानियों में सम्पूर्ण भाषा का प्रयोग करती थीं। उनके लिए परम्परा से प्राप्त भाषा युग-चेतना को ध्वनित करने में असमर्थ थी। इसलिए उन्होंने नई भाषा की खोज की—एक ऐसी भाषा, जो परम्परागत भाषा-रूप को आत्मसात करते हुए भी युग-सन्दर्भों से जुड़ी हो।

बंग महिला भाषा की सामाजिक इकाई में विश्वास करती रहीं। भाषा में व्यक्तिगतता का प्रक्षेप उन्हें मान्य नहीं था। उनकी भाषा में एक वैचारिक पक्षधरता थी, यानी भाषा को देश की अस्मिता से जोड़ने की आवश्यकता। उन्होंने भाषा को युग की धरती से जोड़ा। भाषा को जन-भावना का हिस्सा बनाकर उसमें नई स्फूर्ति भरने को ही उन्होंने लेखन की भाषा माना। चाहे तत्सम शब्दावलियाँ रही हों, अथवा शहरी सभ्यताओं से दूर जन-भाषा रही हो या कार्यालयों में व्यवहृत होने वाली अफसरों और बाबुओं की भाषा रही हो, इन सबकी पहचान उन्हें थी। इसलिए उन्होंने अपनी कहानियों में हर तरह की भाषा को जगह दी। इस प्रकार उन्होंने वैचारिक पुन र्जागरण के साथ ही भाषा का भी पुनर्जागरण किया। 'हिन्दी की उच्च शिक्षा' (सरस्वती सन् 1909, सं. 8, पृ. 361) पर विचार करते हुए विद्यानाथ शर्मा ने मानक हिन्दी की अपील करते हुए लिखा था—"इन सब बातों का सार यही है कि जब तक हिन्दी में साहित्य की भाषा नियत न होगी, अनावश्यक विदेशी शब्दों का प्रचार कम न किया जाएगा। मूल लेख और सच्ची कविता की रचना

न होगी, तब तक हिन्दी जैसी सौ बरस पहले दीन थी वैसी ही सौ बरस आगे तक दीन बनी रहेगी। इस दुर्दशा को दूर करने का एक मुख्य उपाय लेख और लेखकों की एकता है। जब तक हिन्दी के लेखक समय-समय पर मिलकर उन नियमों का निश्चय न कर लेंगे, जिनके अनुसार चलने से हमारी भाषा की यथार्थ उन्नति हो सकती है, तब तक हम लोग यहाँ-वहाँ भटकते रहेंगे और बरसों तक ठिकाने पर न पहुँचेंगे।'' बंग महिला ने बहुत पहले ही युग की इस आवश्यकता को समझ लिया था। हिन्दी भाषा को सांस्थानिक रूप देने की दिशा में उनका प्रयास 'कुम्भ में छोटी बहू' में ही देखा जा सकता है—''बड़ी बहू बोली, 'अरे कहाँ की पागल है रे। सूत न कपास, जुलाहे से मटकौअल ! जा कौन रहा है ? जब जाएँगे, तब देखा जाएगा। अभी तक तू गोबर पाथने नहीं गई ? जा।' भोलवा की माई तो किसी सूरत टली। पर छोटी बहू के मन में ऐसी खलबली उठी कि, जैसे समुद्र में लहरें। कल छोटी बहू अपनी बुआ के घर गई थी। वहाँ सुन आई कि बुआ के घर के सब लोग कुम्भ के मेले में जाएँगे। बस, अब छोटी बहू को चैन कहाँ ? अब तो पेट में चुहियाँ कूदने लगीं। मन में छटपटी सी मच गई और रह-रह के जाने का उपाय सोचने लगी।''

बीसवीं शताब्दी के पहले दशक की कहानियों में इस प्रकार की भाषा की प्रायः कमी है। सरस्वती के इसी अंक में सूर्यनारायण दीक्षित की कहानी 'चन्द्रहास का अद्भुत उपाधान' (पृ. 109) की भाषा भी देखी जा सकती है, 'धृष्ट बुद्धि ने 'विधि की इच्छा' समझकर अपना हठ छोड़ दिया। जैसे पुराने राजा की वह सेवा करता था, वैसे ही वह नए राजा, चन्द्रहास, का मन्त्रित्व करने लगा। चन्द्रहास और मदन की प्रीति यावज्जीवन कम न हुई, किन्तु प्रतिदिन अधिक होती गई।' उदाहरण के तौर पर पं. वेंकटेश नारायण त्रिपाठी की कहानी 'एक अशरफी की आत्मकहानी' (पृष्ठ 400) की भी भाषिक दृष्टि देखी जा सकती है—मैंने पूछा, 'देवि ! कहिए आपका आना कैसे हुआ ?' उसने बहुत ही मीठे स्वर से उत्तर दिया। उसने कहा—'कल तुम मुझे देखकर नाना प्रकार के तर्क-वितर्क मेरे विषय में करते थे। इससे मैं तुम्हें अपनी कहानी सुनाने आई हूँ।' भाषिक-संरचना के इन तमाम प्रयासों को देखकर साफ जाहिर होता है कि बंग महिला ने कहानी-लेखन के शिल्प को विकसित करने के लिए भाषा के निजत्व को पहचाना। भाषा और सृजनशीलता को एकसूत्र में बाँधकर एक ओर इन्होंने मानक स्वरूप स्थिर करने का प्रयास किया तो दूसरी तरफ भाषा और जनचेतना को एक ही धरातल पर खड़ा करने की कोशिश की। उन्होंने भाषा को अपने अनुभवों से अर्जित किया था। उन्होंने भाषा की बुनियादी मानसिकता तैयार करने के लिए अपने चारों ओर फैले परिवेश के शब्दों का भरपूर प्रयोग किया, पारम्परिक और देशी मुहावरों का साहित्यिकीकरण किया और इस प्रकार उन्होंने भाषा और आम आदमी को एक सूत्र में बाँधा। इसलिए उन्होंने अपनी कहानियों

में अधिकाधिक जनभाषा का प्रयोग किया है। यह कहना असंगत न होगा कि उस समय आचार्य रामचन्द्र शुक्ल भी भाषा के इस यथार्थ को नहीं समझ पाए थे। उस समय भाषा द्वारा सामाजिक परिवर्तन की कल्पना बहुत थोड़े ही लोगों में थी। खास-तौर से कहानी की भाषा परिपाटीबद्ध राह पर ही चलती रही। यहाँ 'ग्यारह वर्ष का समय' का एक सन्दर्भ देखा जा सकता है—हमारे कतिपय पाठक हम पर दोषारोपण करेंगे कि—हैं ! न कभी साक्षात् हुआ, न वार्तालाप हुआ, न लम्बी-लम्बी कोर्टशिप हुई, यह प्रेम कैसा ?'' महाशय रूष्ट न हूजिए !

इस अदृष्ट प्रेम का धर्म और कर्तव्य से घनिष्ठ सम्बन्ध है। इसकी उत्पत्ति केवल सदाशय और निःस्वार्थ हृदय में ही हो सकती है। इसकी जड़ संसार के और प्रकार के प्रचलित प्रेमों से दृढ़तर और अधिक प्रशस्त है। आपको सन्तुष्ट करने को और कहे देता हूँ कि इंगलैण्ड के भूतपूर्व प्रधानमन्त्री लार्ड बेकन्स फील्ड (Earl of Bacons Field) का भी यही मत था ?

आचार्य रामचन्द्र शुक्ल की यह भाषा किसी निबन्ध के लिए तो सार्थक हो सकती थी परन्तु कहानी में उसका स्वरूप विसंगतिपूर्ण हो गया है। यह भाषा आम आदमी से नाता-रिश्ता स्थापित करने में असफल है। 'रुष्ट न हूजिये' जैसे पद परम्परागत हो गए हैं। कहानीकार इस प्रयोग द्वारा कोई व्यंग्य सृजित करने में भी सफल नहीं हो पाया है। संस्कृत के चुने-चुने शब्द कहानी का वरण नहीं कर पाए हैं। इस प्रकार साफ लगता है इसमें भाषा की आत्मा ध्वनित नहीं हो पाई है। इसके विपरीत बंग महिला भाषा के स्वरूप की अनिवार्यता पहचानती रहीं। यह इसलिए था कि उन्हें बँगला-भाषा और बँगला-कहानियों की अभिव्यंजना-विधि का भरपूर ज्ञान था।

हिन्दी-कहानी के प्रथम दशक में कहानी की भाषिक-संरचना के विषय में बहुत कम सोचा गया। हालाँकि कविता और निबन्ध की भाषा अपना रूप ग्रहण कर रही थी। परन्तु कहानी की भाषिक स्वायत्तता पर ध्यान नहीं गया। कहानी में भी नैबन्धिक अथवा काव्य-भाषा का ही प्रयोग किया जाता रहा। बंगला-साहित्य में कहानियों (गल्प) की भाषा स्वतंत्र रूप से विकसित हो चुकी थी। इस बात को सन् 1910 में पण्डित मदन मोहन मालवीय ने इस प्रकार स्वीकार किया है, 'बंगाल में भाषा का बड़ा सुधार हुआ। एक अंश में सर माइकल मधुसूदन को लीजिए। हेमचन्द्र, बंकिम चन्द्र इत्यादि बंगाली बड़े-बड़े कवि हुए हैं। उन्होंने उपन्यास, इतिहास और काव्य से अपनी भाषा को बनाया, सजाया।…इस प्रान्त में भाषा की उन्नति का बीज सबसे पहले बोया गया, किन्तु आज उसी प्रान्त की हिन्दी भाषा अपनी और बहनों के सामने मुँह मोड़े खड़ी है।'' (प्रथम हिन्दी साहित्य सम्मेलन, काशी में सभापति के पद से भाषण, ना. प्र. स. रिपोर्ट, पृ. 14, 15)। सन् 1910 से बहुत पहले ही बँगला भाषा का विकास इस स्तर तक हो गया था कि साहित्य की

अलग-अलग विधा के लिए अलग-अलग भाषा-दर्शन बन गया। बँगला-साहित्य से जुड़े साहित्यकार हिन्दी में भी भाषिक प्रयोग के प्रति सचेष्ट रहे। ऐसे रचनाकारों में बंग महिला का नाम विशेष रूप से उल्लेख्य है। जहाँ तक निबन्धों का सवाल है, यह निश्चित रूप से कहा जा सकता है कि बंग महिला की नैबन्धिक भाषा की संरचना किसी खास उपलब्धि तक नहीं पहुँची थी, परन्तु उनकी कहानियों में हिन्दी-भाषा कहानी की अपनी भाषा बनकर प्रयुक्त हुई। इनके ऊपर रवीन्द्रनाथ ठाकुर, नारायण दास सेन और दीनेन्द्र कुमार सेन की कहानी-भाषा का विशेष प्रभाव पड़ा था। भाषिक आत्मीयता, संरचना की विशिष्ट विधि और सम्प्रेषणीयता द्वारा पाठकों से तादात्म्य का भाषाई शिल्प इन्होंने बँगला भाषा से ही लिया था। उस समय बँगला भाषा की साहित्यिक उपलब्धि पूरे हिन्दी-प्रदेश के लिए आदर्शात्मक लक्ष्य थी। मालवीय जी ने अपनी 'वक्तृता' में हिन्दी के रचनाकारों को चुनौती देते हुए उद्घोषित किया था, 'बंगालियों को ले लीजिए, चार विद्वानों ने बंगाली भाषा को जन्म दिया। पचास वर्ष में बँगला ने ऐसी उन्नति की कि उसको देखकर न केवल सन्तोष ही होता है, बल्कि ईर्ष्या भी होती है।' अपनी इसी वक्तृता में उन्होंने कहा था, 'हिन्दी भाषा की योग्यता रखने वाले बहुत थोड़े हैं। उर्दू की दशा बुरी है; किन्तु हिन्दी की और भी बुरी। कहीं-कहीं समासों के लच्छे के लच्छे लाए जाते हैं। कहीं-कहीं ऐसे शब्द भरे जाते हैं, कि पढ़ने में तो भले हों, किन्तु पढ़ने वालों को बेगाने जान पड़ें। कहीं-कहीं ऐसे शब्द रखे जाते हैं, जो बहुत ही कठिन होते हैं; पढ़ने वालों की समझ ही में नहीं आते।··· इसलिए भाषा की उन्नति करने में हमारा सर्वप्रथम कर्तव्य यह है, कि हम स्वच्छ भाषा में हिन्दी लिखें।' कहना न होगा कि बंग महिला भाषा की इस अनिवार्यता के साथ शुरू से ही जुड़ी थीं।

बंग महिला की कहानियों में हिन्दी भाषा की प्रयोगधर्मिता बड़ी ही साफ है। न कहीं भाषा में उलझाव है और न कहीं बनावटीपन। उनकी कहानियों में भाषाई अस्मिता का लम्बा फैलाव दिखाई पड़ता है। चाहे हिन्दी का विशुद्ध रूप हो, चाहे उर्दू मिश्रित भाषा का प्रयोग अथवा भाषा की आंचलिक संवेदना हो, बंग महिला उनकी माँग को अच्छी तरह समझती थीं और तदनुकूल शब्दावलियों के प्रयोग से भाषा को अभिनव-रूप देती थीं। कहानी चाहे अनुवाद की ही रही हो, परन्तु बंग महिला ने उसमें भी भाषिक संवेदना के प्रति सचेष्ट रहीं।

यहाँ एक अनूदित कहानी 'दान-प्रतिदान' (सरस्वती सन् 1906, सं. 4, पृ. 135) में भाषा की सुन्दरता और सम्प्रेषणीयता देखी जा सकती है, ''इन शब्दों को सुनना था कि श्यामा की आँखों में गंगा की भदईं बाढ़ आ गई। वह फूट-फूट कर रोने लगी। इस दृश्य को देख राधेमुकुन्द घबरा कर पूछने लगे, 'हैं ! यह क्या हुआ ?' श्यामा ने रोते-रोते कहा, 'क्या कुछ सुना भी नहीं ?' राधे ने कहा, 'सब सुन चुका हूँ, पर भाभी जो कुछ कहती थीं, वह सब झूठ थोड़े ही है ! क्या भैया

ने मुझे खिला-पिला कर नहीं पाला-पोसा है ? और तुम्हारे ही पास जो कुछ गहने कपड़े हैं, वे सब किसके हैं ? क्या मैं कहीं से कमा के लाया हूँ ? यदि अन्नदाता दो-चार बातें कहें, तो उसे भी खाने-पहनने में शामिल कर लेना चाहिए।' "

हालाँकि 'दान-प्रतिदान' कहानी रवीन्द्रनाथ ठाकुर लिखित बँगला गल्प का अनुवाद है, परन्तु कहानी की भाषिक संरचना बंग महिला की अपनी है, जो हिन्दी की प्रकृति का आदर्श रूप है। इसमें जरा भी आनुवादिक विद्रूपता नहीं आने पाई है। शब्दों का चुनाव और वाक्यों का संगठन अभिव्यक्ति की तारतम्यता से आबेद्ध हैं। पूरी भाषा स्वतंत्र रचनाशीलता का नमूना बन गई है। भाषिक तुलना के लिए हिन्दी की प्रसिद्ध कहानी 'इन्दुमती' से एक अंश लिया जा सकता है, जिसमें 'दान-प्रतिदान' जैसी स्थिति का वर्णन किया गया है, 'युवक की ऐसी करुणा भरी बातें सुनकर इन्दुमती की आँखों से आँसू बहने लगे। उसने बरजोरी युवक के हाथ से कुठार ले लिया और कहा—भाई ! चाहे कुछ भी हो, पर जरा तो ठहर जाओ। मेरे कहने से मेरे लाए हुए फल खाकर जरा दम ले लो, तब तक तुम्हारे बदले मैं लकड़ी काटती हूँ। युवक ने बहुत समझाया, पर उसने न माना और अपने सुकुमार हाथों से कुठार उठाकर पेड़ पर मारने लगी। युवक ने जल्दी-जल्दी उसके बहुत कहने से कई एक फल खाकर दो घूँट जल पिया।' पं. किशोरी लाल गोस्वामी की यह भाषा-संयोजना बंग महिला की भाषा की तरह प्रभावी नहीं है। 'बरजोरी','चाहे कुछ भी हो', 'मेरे कहने से', 'उसने न माना', 'जल्दी-जल्दी उसके बहुत कहने से कई एक फल खाकर दो घूँट जल पिया' आदि ऐसे प्रयोग हैं, जिनमें भाषा की संवेदना सघन नहीं हो पाई है और कहानीकार के बहुत कुछ कहना चाहने पर भी भाषा मूक ही है। दोनों कहानियों में 'बात सुनकर रोने की स्थिति की सघनता अथवा बिखराव' भाषा की संरचना में ही निहित है। इन उद्धरणों से साफ प्रकट होता है कि बंग महिला अपने युग में भाषा के प्रति सबसे अधिक सजग थीं।

भाषा के प्रति बंग महिला की पहली शर्त थी, सम्प्रेषणशील कथन की भंगिमा। पात्रों के चुनाव के अनुकूल भाषा की खोज करने की अवधारणा बंग महिला के बाद प्रेमचन्द में पाई जाती है। आम आदमी की भाषा का अनिवार्य संस्कार करना और उसमें नई ऊर्जा भर कर कहानी लिखना बंग महिला की दूसरी विशेषता थी। उदाहरण के तौर पर जिस बात को किशोरी लाल गोस्वामी, 'युवक की ऐसी करुणा भरी बातें सुनकर इन्दुमती की आँखों से आँसू बहने लगे' के रूप में लिखते हैं, उसी बात को बंग महिला 'इन शब्दों को सुनना था कि श्यामा की आँखों में गंगा की भदईं बाढ़ आ गई। वह फूट-फूट कर रोने लगी' के रूप में कहती हैं। इन दोनों कथनों द्वारा 'भाषा की भंगिमा' और 'भाषा के प्रति निर्बाध-आत्मीयता' का प्रयोग देखा जा सकता है। पहले कथन में एक बात कहनी थी, वह कह दी गई और दूसरे में एक बात पाठकों के मन पर खींचनी थी, खींची गई। दोनों में बात एक ही, लेकिन

भाषा का कमाल अलग-अलग है। इसी को भाषा का दर्शन कहते हैं, जिसको बंग महिला ने प्रयास करके हासिल किया था।

भाषा के प्रति बंग महिला का अपना निजी सामाजिक दर्शन था। यह सही बात है कि बँगला भाषा ने इन्हें भाषिक चिन्तन करने का मुद्दा दिया, परन्तु यह सही नहीं है कि बँगला-भाषा का ज्ञान हो जाने मात्र से हिन्दी को नए रूप में ढाला जा सकता था। उस समय बँगला भाषा के अच्छे ज्ञाता गिरिजा कुमार घोष (पार्वती नन्दन), प्रमथ नाथ भट्टाचार्य और कुमुद बन्धु मित्र आदि भी हिन्दी-कहानियाँ लिख रहे थे और बँगला कहानियों का हिन्दी में अनुवाद भी कर रहे थे परन्तु इनमें से किसी को भी भाषा की सही उपलब्धि उस सीमा तक नहीं हुई थी, जिस सीमा तक बंग महिला को। यह बात कुछ उदाहरणों से साफ की जा सकती है। सन् 1906 की सरस्वती में बंग महिला, गिरिजा कुमार घोष और भट्टाचार्य, सभी की आख्यायिकाएँ प्रकाशित हुईं। इन लोगों की कहानियों के कुछ अंशों को आमने-सामने रख कर इनकी भाषिक उपलब्धि के बारे में अच्छी तरह जाना जा सकता है।

बंग महिला की कहानी 'कुम्भ में छोटी बहू' लाला पार्वतीनन्दन (गिरिजा कुमार घोष) की कहानी 'मेरा पुनर्जन्म', भट्टाचार्य की कहानी 'राजपूतनी' से लगभग एक ही तरह का चित्रण-प्रधान अंश लेकर भाषिक तुलना करना ज्यादा प्रासंगिक होगा। ये सारी कहानियाँ कुछ ही महीनों के अन्तर से प्रकाशित हुईं। 'मेरा पुनर्जन्म' का प्रकाशन फरवरी में, 'राजपूतनी' का मई में और 'कुम्भ में छोटी बहू' का सितम्बर में हुआ था। तुलना के लिए 'मेरा पुनर्जन्म' का एक अंश—

'धीरे-धीरे मेरी आँखों से अँधेरा हटने लगा। धीरे-धीरे उजले वस्त्र पहनकर आकाश पूर्व की ओर हँसने लगा। पक्षी पेड़ों पर बैठकर करुणामय की अपार करुणा की महिमा गाने लगे। डालियों पर फूल खिलकर उनके चरणों की पूजा करने लगे। वायु उन चरणों का सुगन्धमय प्रसाद लाकर मेरे सन्तप्त पीड़ित शरीर पर अपने ठंडे-ठंडे हाथों से मलने लगा। करुणामय ने नरक का भयावना परदा मेरे सामने से हटा लिया। मैं सोचने लगा, अब मैं कहाँ आ गया ?'

'राजपूतनी' का एक अंश—

'सुनसान मैदान है। पक्षीगण मधुर स्वर से प्रातःकाल के समय शहनाई बजा रहे हैं। मिलित, किन्तु विच्छेद-कातर, दोनों जन चुपचाप चल रहे हैं। किसी के मुख से एक भी बात नहीं निकलती। मिलन सुधासागर के तीर आकर शून्य घड़ा लेकर ही फिर लौटना होगा ! हाय !'

'कुम्भ में छोटी बहू' का एक अंश—

'आज वेणी तट की बालुका ने मानो सजीवता को प्राप्त कर लिया है। बेचारे दरिद्र भारतवासी कैसे आनन्द से त्रिवेणी में स्नान करके अक्षय पुण्य का संचय कर रहे हैं। किसी के पास अंगनच्छादनोपयोगी वस्त्र है; किसी के पास वह भी नहीं।

किसी के पास भर-पेट खाने को है, किसी के पास वह भी नहीं। किन्तु इस समय, इस पवित्र भूमि में, सभी समभाव से आनन्द उपभोग कर रहे हैं।'

इन तीनों खण्डों की भाषा चित्रमय भावुकता से भरी है, लेकिन पहले खण्ड में साफ लगता है कि परिवेश का मूर्तीकरण करने में भाषा समर्थ नहीं हो पाई है। पहले खण्ड की भाषा की अपेक्षा दूसरे खण्ड की भाषा अधिक ध्वन्यात्मक है, लेकिन भावुकता की अधिकता और तत्सम शब्दावली का अतिरिक्त मोह भाषा की भूमिका को स्वच्छंद नहीं होने दे रहा है। 'मिलित, किन्तु विच्छेद-कातर, दोनों जन चुपचाप चल रहे हैं' द्वारा प्रेमी और प्रेमिका के द्वन्द्व को भरपूर नहीं उभारा जा सका है। इसी प्रकार इन दोनों खण्डों की भाषा बाहर घटित होने वाले समय को भी नहीं बाँध पा रही है। इसके विपरीत बंग महिला की भाषा में समय की आवाज साफ सुनाई पड़ती है। भाषा ने त्रिवेणी तट को मूर्तिमान कर दिया है, आर्थिक विषमता और मानसिक समता का चित्र उपस्थित करके भाषा अन्दर और बाहर की दुनिया प्रस्तुत करने में पूरी तरह समर्थ हो गई है। इस भाषा में तत्कालीन आर्थिक स्थितियों की एक लम्बी शृंखला उद्घाटित हो उठी है। भाषा कोई गोली-बन्दूक लेकर नहीं आती। भाषा की यही लड़ाई है, जो दूर तक मार करती हुई आखिर में विजयी होती है। 'बेचारे दरिद्र भारतवासी कैसे आनन्द से त्रिवेणी स्नान करके अक्षय पुण्य का संचय कर रहे हैं' में परम्परावादी चिन्तन और समसामयिक अर्थ-त्रासदी का व्यंग्य बड़ा पैना हो गया है। धारदार भाषा की पहचान सभी को नहीं होती। सर्जनात्मक भाषा का अन्वेषण करने वाला लेखक ही भाषा में पैनापन उभार सकता है। बंग महिला की कहानियों की भाषा सही अर्थों की अभिव्यक्ति के लिए सही तलाश है। उनकी कहानियाँ इस बात का सबल सबूत देती हैं कि उन्होंने रचनात्मक भाषा का अभियान चलाया था। कहानी की भाषा के लिए उनकी सैद्धान्तिक धारणाएँ थीं, जिसके तहत उन्होंने भाषा का जीवित रूप पकड़ा। चलती चली आती भाषा की धारा में अपनी रचनाशक्ति को प्रक्षिप्त कर देना और अपने लेखकीय वजूद के प्रति निश्चिन्त होकर बैठ जाना उन्हें पसन्द नहीं था। इन्होंने बोलचाल की भाषा लेकर उसे सन्दर्भों से जोड़ने की कोशिश हमेशा की। बात को दूसरों तक पहुँचाने में इनकी भाषा अत्यन्त त्वरात्मक रही। आम भाषा को किसी खास ध्वनि में बदल देने की सफलता इनकी सभी कहानियों में है। बंग महिला ने अपने समय को, अपनी भाषा में उतारा है। यह काम बँगला भाषा के निकटतम सम्पर्क में रहने वाले सभी हिन्दी कहानीकार नहीं कर पाए हैं।

बंग महिला के भाषा सन्दर्भ में बँगला भाषाविद् एक दूसरे हिन्दी कहानीकार कुमुद बन्धु मित्र की भी भाषा-संरचना देखी जा सकती है। सन् 1904 की सरस्वती में मित्र की आख्यायिका 'अज्ञान और विज्ञान' प्रकाशित हुई है। (सरस्वती भाग 5, सं. 1, पृ. 8)। यह कहानी भी 'विज्ञान दर्पण' पत्रिका से अनूदित है। इसमें उस

समय तक आविष्कृत विज्ञान के करिश्मों का वर्णन कहानी के रूप में किया गया है। दो किश्तों में प्रकाशित इस कहानी का भाषाई रचाव सर्वत्र समान है। नमूने के लिए कोई भी स्थल चुना जा सकता है। जैसे—मिस हार्वी को देखने से यह नहीं जान पड़ता था कि वह हार्वी की बहन है। उसका वयस अनुमान 50 वर्ष होगा। उसमें स्त्रियों की कोमलता कुछ भी नहीं है। उसने यथासाध्य मीठे स्वर में पूछा, 'महाशय, आने में आपको कुछ कष्ट तो नहीं हुआ ?' 'इसी भाँति और दो-चार बातों के उपरान्त किसी काम की उसे सुध आ गई और वह वहाँ से उठकर चली गई।' इस भाषा को देखने से कोई भी कह सकता है कि कहानीकार आख्यायिका द्वारा विज्ञान की कुछ सूचनाएँ देना चाहता है। यही उसका लेखन-उद्देश्य है। भाषा के नव्य रूप से उसका कोई सम्बन्ध नहीं है। परन्तु बंग महिला तद्युगीन मनःस्थितियों को भाषा द्वारा अभिव्यक्त करने में पूर्ण समर्थ रहीं हैं। सन् 1904 की सरस्वती से ही एक उदाहरण संगत होगा—'अब भारत में न तो आपके, और न आपके स्वामी भुवन भास्कर सूर्य महाशय ही के वंशधरों का साम्राज्य है, और न अब भारत की वह शस्य-श्यामला स्वर्ण प्रसूता मूर्ति ही है। अब तो आप लोगों के अज्ञात, एक अन्य द्वीपवासी परम शक्तिमान गौरांग महाप्रभु इस सुविशाल भारतवर्ष का राज्य वैभव भोग रहे हैं। अब तक मैंने जिन बातों का वर्णन आपसे स्थूल रूप में किया, वह सब इन्हीं विद्याविशारद गौरांग प्रभुओं के कृपा कटाक्ष का परिणाम है। यों तो यहाँ प्रतिवर्ष पदवी दान के समय कितने ही राज्यविहीन राजाओं की सृष्टि हुआ करती है, पर आपके वंशधरों में जो दो-चार राजा महाराजा नाममात्र को हैं भी, वे काठ के पुतलों की भाँति हैं। जैसे उन्हें उनके रक्षक नचाते हैं, वैसे ही वे नाचते हैं। वे इतनी भी जानकारी नहीं रखते कि उनके राज्य में क्या हो रहा है, उनकी प्रजा दुखी है या सुखी ?' (सरस्वती, भाग 5, सं. 12, पृ. 442)

उपर्युक्त कहानी-खण्ड में भाषा शक्ति दर्शन आसानी से की जा सकती है। कोमल शब्द-संयोजना द्वारा भाषा में तीखापन सृजित करना बंग महिला की भाषाई दृष्टि का ही परिणाम है। देखा जा सकता है कि यहाँ शब्दों और मुहाविरों की जगह युगीन मनःस्थितियाँ खुद मुहाविरा बन कर ध्वनित हुई हैं। किसी कथ्य विशेष के लिए किसी खास भाषा की अनिवार्यता की पहचान करने में बंग महिला बेजोड़ रही हैं।

जिस समय बंग महिला तमाम दूसरे रचनाकारों के साथ कहानी-लेखन के शिल्प-सृजन में लगी थीं, उस समय के भारतीय इतिहास ने लेखकों के सामने कुछ महत्त्वपूर्ण प्रश्न उठाए थे। राष्ट्रीय-स्वतंत्रता के संघर्ष को पुरजोर करने के लिए सबसे आवश्यक था, नई भाषा की खोज करना। भाषा के इस संक्रान्ति-युग में कई पुराने रिश्ते टूट रहे थे, नए रिश्ते जुड़ रहे थे, चिन्तन के पहलू बदल रहे थे, और देश के कन्धों से विदेशी शासन का भार उतारने की भावना तीव्र हो रही थी। इन

परिस्थितियों में पुरानी भाषा से उद्देश्य-प्राप्ति सम्भव नहीं थी ? वैचारिक आन्दोलन करने की जो तैयारी राष्ट्रीय स्तर पर की जा रही थी, उसके लिए भाषा का आक्रामक तेवर आवश्यक था। लोगों को एक ऐसी भाषा की अपेक्षा थी जो अपने प्रहार में दमदार हो और अपने व्यंग्य में सर्वग्राह्य हो। उस समय की कथा-भाषा इन अपेक्षाओं के अनुकूल नहीं थी। भाषा और युग-चिन्तन में एक भारी गैप पड़ा था। उस समय साम्राज्यवादी शिकंजा तोड़ने के लिए मात्र 'वन्दे मातरम्' का राष्ट्रीय गीत ही जरूरी नहीं था, बल्कि उसी के समानान्तर हिन्दी-भाषा के नए स्वरूप की भी जरूरत थी।

हिन्दी भाषा की इस रिक्तता की चर्चा जगह-जगह होने लगी थी। सरस्वती सन् 1901, भाग 2, सं. 5 की शुरुआत ही इस रिक्ति को लेकर की गई है। 'विविध वार्ता' (पृ. 143) शीर्षक में सम्पादक ने लिखा—'(हिन्दी) गद्य तो अभी एक सौ वर्ष का हुआ है, पर अब इसके फलने-फूलने के दिन आए हैं। पूर्व की अपेक्षा अब कुछ विशेष ग्रन्थों के बनने और पढ़ने-पढ़ाने की चर्चा सुनने में आती है। पर अवस्था यह हो रही है कि जिसके जो मन में आता है अड़ांग-सड़ांग लिख मारता है। यद्यपि व्याकरण के एक नियम का पालन न किया गया हो, यद्यपि लिखावट अशृंखल हो और शब्दों की गढ़न मनमानी रीति से की गई हो, पर कोई पूछने वाला नहीं कि क्या हो रहा है। इस समय उपन्यासों की भरमार है, पर इनकी भी वह शोचनीय अवस्था है कि ग्रन्थकर्त्ता महाशय स्वयं अपने घर की स्त्रियों को उन्हें पढ़ने के लिए देने से सकुचाएँगे।···इस समय सब लोग इस बात को स्वीकार करेंगे कि काशी की नागरी प्रचारिणी सभा, जिसमें हिन्दी के प्रायः सब लेखक सम्मिलित हैं, एक ऐसा मार्ग है, जिसके द्वारा हिन्दी विषयक सब काम होने चाहिए। हमारी सम्मति है कि काशी की सभा अपनी ओर से एक कमेटी चुने हुए हिन्दी लेखकों और तत्त्वज्ञों की नियत कर दे। हमारी सम्मति में इस कमेटी के निम्नलिखित सभ्य चुने जाने चाहिए—(1) पण्डित महावीर प्रसाद द्विवेदी, (2) पण्डित श्रीधर पाठक, (3) पण्डित श्याम बिहारी मिश्र, (4) पण्डित माधव राव सप्रे, (5) पण्डित गंगा प्रसाद अग्निहोत्री।'

अगले ही महीने विविध वार्ता में हिन्दी भाषा को समयानुकूल बनाने पर बहुत कुछ लिखा गया है। पुराने ढर्रे को छोड़कर भाषा के नवीनीकरण की आवाज उठाई गई और यह भी कहा गया कि 'यदि यह न हुआ तो हमारी भाषा सदा अपाहिज बनी रहेगी और उसकी उन्नति सम्यक् प्रकार से कभी भी न हो सकेगी।' वास्तव में बदले हुए युग को व्यक्त करने के लिए भाषा का बदलाव भी आवश्यक था। बंग महिला जमाने की इस चुनौती को स्वीकार करने के लिए आगे आईं और अपने प्रथम कहानी-लेखन द्वारा भाषा को एक नए संस्कार सूत्र से ज़ोड़ दिया। कहानी-लेखन में भाषा उनकी एक अभिनव क्रान्ति सिद्ध हुई।

बंग महिला की मौलिक कहानियों के साथ इनकी अनूदित कहानियों में भी हिन्दी-भाषा का रचना-कौशल पूरे उभार पर दिखलाई पड़ता है। जीवन के बहुमुखी

सन्दर्भों से गुजरती हुई इनकी भाषा अर्थवत्ता और बोधगम्यता दोनों से जुड़ी हुई थी। बँगला-भाषा की मासिक पत्रिका 'यमुना' से हिन्दी में अनूदित उनकी एक कहानी—'मन की दृढ़ता' (सरस्वती, भाग 16, सं. 5, पृ. 278) का एक अंश यहाँ देना इसलिए अप्रासंगिक न होगा क्योंकि इससे उनकी भाषाई रचनाशक्ति का पता चलेगा। इससे यह भी मालूम होगा कि वे कथ्य का अनुवाद करते समय भाषा की रचना मौलिक स्तर पर करती रहीं। उदाहरण के लिए, 'ललिता के फिर वैसा ही प्रश्न करने पर वह कहने लगी—'तू बिलकुल ही पगली है ! अरे तुझे कितना समझाऊँ ? एक स्त्री के रहते जब सोहन ने उस चुड़ैल के साथ ब्याह किया तभी वह दोषी ठहर चुका।' ललिता रोती हुई बोली—'हाय, यदि मैं इसके पहले ही मर गई होती।'' अब तो सास-बहू की आँखों से गंगा-यमुना की धारा बहने लगी। स्पष्ट है कि यह हिन्दी किसी दूसरे भाषाई प्रभाव से आक्रान्त नहीं है। इसमें हिन्दी-भाषा की अपनी चुस्ती और मौलिक प्रवृत्ति सुरक्षित है। यह इसलिए है कि बंग महिला ने हिन्दी की निजी विशेषताओं से अटूट संगता स्थापित कर ली थी।

ऊपर दिया हुआ अंश बंग महिला की भाषान्तरित हिन्दी है। इस सन्दर्भ में उसी वर्ष सरस्वती में छपी हिन्दी की मूल कहानियों का कुछ अंश देखना अनुपयोगी न होगा। इससे मूल रूप से हिन्दी में लिखी हुई कहानियों में भाषिक संरचना का बोध होगा। छबीले लाल गोस्वामी की कहानी 'विमाता' (सरस्वती, भाग 16, सं. 2, पृ. 99) की भाषा-संवेदना द्रष्टव्य है—'अदालत से बाहर आकर मुलजिम अपने बैरिस्टर तथा वकील के पैरों पर गिरने लगा। पर उसे बीच ही में रोक कर वी. बी. त्रिवेदी उसके पैरों पर गिर पड़े। वे बोले—'पिता जी ! मैं आपका अयोग्य पुत्र विश्वभूषण हूँ।' पिता जी ने पुत्र को गले लगाया—जब वे राम मोहन बैरिस्टर की ओर बढ़े, तब उन्हें गले लगा कर बैरिस्टर ने कहा—'भाई साहब ! आप मेरे समधी हैं, क्योंकि विश्वभूषण मेरा दामाद है।' अब राम मोहन प्रयाग में त्रिवेणी नहाया और विश्वभूषण के बच्चे को खिलाया करते हैं।'

देखा जा सकता है हिन्दी की कहानी में भाषा किस तरह उखड़ी और विशृंखलित है। एक दूसरा अंश है चण्डी प्रसाद की अनूदित कहानी 'सुधा' से। यह कहानी बंग भाषा के प्रसिद्ध कहानीकार यतीन्द्रनाथ सोम की मूल कहानी—'सुधा' का अनुवाद है। इसमें अनुवाद का कच्चापन तथा अनुवाद करते समय अपनी भाषा की संरचना का अज्ञान बिना किसी संकेत के भी देखा जा सकता है। उदाहरण के लिए एक अंश—'इस घटना को हुए कितने ही दिन व्यतीत हो गए। परन्तु शशि शेखर के हृदय का दुर्दमनीय वेग किसी प्रकार शान्त न हो सका। कितनी ही नीरव भिक्षाओं ने, तथा कितने ही बार कातर नयनों की दृष्टि ने, उनके हृदय पटल पर कुछ भी प्रभाव न जमा पाया। एक ही चिन्ता—एक ही भावना के कारण शेखर की देह जीर्ण होने लगी। जब तक वे इस यातना को सह सके, उन्होंने चुपचाप सहन किया।

परन्तु जब यह यातना असाध्य हो गई, तब एक रात को उन्होंने तीर्थराज प्रयाग की ओर प्रस्थान किया।'

अनूदित हिन्दी की ऐसी ही लचरताएँ देखकर आचार्य रामचन्द्र शुक्ल ने लिखा था–'हिन्दी गद्य-साहित्य के इस आरम्भ काल में ध्यान देने की बात यह है कि उस समय जो थोड़े से गिनती के लेखक थे, उनमें विदग्धता और मौलिकता थी और उनकी हिन्दी हिन्दी होती थी। वे अपनी भाषा की प्रकृति को पहचानने वाले थे। बँगला, मराठी, उर्दू, अँगरेजी के अनुवाद का वह तूफान, जो पचीस-तीस वर्ष पीछे चला और जिसके कारण हिन्दी का स्वरूप ही संकट में पड़ गया था, उस समय नहीं था। उस समय ऐसे लेखक न थे, जो बँगला की पदावली और वाक्य ज्यों के त्यों रखते हों या अँगरेजी वाक्यों और मुहावरों का शब्द प्रति शब्द अनुवाद करके हिन्दी लिखने का दावा करते हों।' (हिन्दी साहित्य का इतिहास, पृ. 439)

बंग महिला ने बँगला भाषा की बहुत सी कहानियों का हिन्दी में भावानुवाद किया, जिनमें 'मुरला', 'मातृहीना', 'संसार सुख', 'अपूर्व प्रतिज्ञापालक', 'दान-प्रतिदान', 'दालिया', 'हृदय-परीक्षा' और 'मन की दृढ़ता' आदि विशेष रूप से उल्लेखनीय हैं। इनकी ज्यादातर कहानियाँ 'सरस्वती' में छपीं और इस प्रकार वे कहानियाँ आचार्य पं. महावीर प्रसाद द्विवेदी की नजरों से गुजरीं, जो (द्विवेदी जी) उस समय हिन्दी भाषा की स्वत्व-स्थापना और उसके सुनिश्चित स्वरूप की निर्मिति में लगे थे। बंग महिला की चर्चा चलने पर आचार्य द्विवेदी बंग महिला ने भाषाई संरचना की प्रशंसा सदैव किया करते थे, क्योंकि बंग महिला को अपने भाषिक अनुभवों द्वारा हिन्दी-भाषा की स्वतंत्र सत्ता स्थापित की। यहाँ तक कि आचार्य रामचन्द्र शुक्ल ने बँगला से हिन्दी अनुवाद करने में जिन पंडित ईश्वरी प्रसाद शर्मा और पं. रूपनारायण पाण्डेय की प्रशंसा करते हुए लिखा है, 'इस अनुवाद विधान में योग देने वालों में पं. ईश्वरी प्रसाद शर्मा और पं. रूप नारायण पाण्डेय विशेष उल्लेख योग्य हैं; उनसे भी अधिक विदग्ध और प्रांजल अनुवाद बंग महिला का है। 'हिन्दी बंगभाषी' के सम्पादक पं. अमृतलाल चतुर्वेदी अनुवाद-कला में बंग महिला के हिन्दी रूप की बड़ी तारीफ किया करते थे।' उनका कहना था कि 'हिन्दी बंगभाषी' में बहुत से लेख बँगला भाषा के तौर-तरीके पर निकलते थे, लेकिन बंग महिला की हिन्दी अपनी मौलिकता लिये रहती थी। जब बंग महिला सत्रह वर्ष की थीं, यानी सन् 1899 से ही उनके छोटे-छोटे लेख (अधिकांशतः बँगला भाषा से अनूदित) 'भारत-मित्र' में प्रकाशित होने लगे थे। उनके लेखों के प्रकाशित होने का मुख्य श्रेय उनकी भाषा को था। उस समय 'भारत मित्र' के सम्पादक बाल मुकुन्द गुप्त थे। वे ही बाल मुकुन्द गुप्त जिन्होंने पं. महावीर प्रसाद द्विवेदी के लेख 'भाषा की अनस्थिरता' की आक्रामक आलोचना 'आत्माराम' के छद्म नाम से की थी। वे गुप्त जी भी बंग महिला की हिन्दी-संरचना से बहुत प्रभावित होते और 'भारत मित्र' में छापने के लिए उनके पास पत्र लिखकर

उनकी रचनाएँ मँगवाते थे। कुल मिलाकर यह कहने में जरा भी संकोच नहीं हो सकता कि बंग महिला के अनुवाद में हिन्दी-भाषा की विशिष्ट नियति बनती थी और हिन्दी-लेखन को एक नया मोड़ मिल रहा था। बंग महिला ने शब्दानुवाद अथवा पदानुवाद कभी नहीं किया। अनुवाद करते समय उन्होंने भाषा के निजी रचाव पर ही ध्यान दिया। इसी भाषिक उपलब्धि के कारण उनकी अनूदित कहानियाँ भी 'कृति' के रूप में प्रतीत होती हैं। 'दालिया' कहानी रवीन्द्रनाथ ठाकुर लिखित एक बँगला गल्प का अनुवाद है परन्तु इसकी भाषा पर कहीं भी बँगला-भाषा की छाया नहीं पड़ने पाई। इस कहानी का भाषिक कौशल मौलिक रचना से भी आगे निकल गया है। इसमें बंग महिला के भाषा-शिल्प का एक नमूना देखा जा सकता है, 'सच कहती हूँ बहन ! मैं इस वहशी दालिया की बड़ी ही अहसानमन्द हूँ। वह मेरे लिए फूल तोड़ कर ला देता है, मेरे लिए ताज़े-ताज़े मेवे ला देता है; जब-तब मेरे सोने की जगह में झाड़ु दे देता है; और अगर मैं किसी काम के लिए बुलाऊँ तो फ़ौरन कुत्ते की तरह दौड़ कर चला आता है। मैं बहुत चाहती हूँ कि इसे डाँटूँ, पर वह गुस्से के बदले लड़कों की तरह हँस देता है, या रोने लग जाता है। अभी उसे भीतर बन्द कर आई हूँ; जाके देखूँगी कि वह निगोड़ा खुशी से चूल्हा फूँक रहा है। मैं इसी तरह इस वहशी के जंगलीपन से हैरान रहा करती हूँ।' इस भाषा के सभी प्रयोग हिन्दी के अपने हैं। भाषा को देखकर यह सोचा ही नहीं जा सकता कि कहानी अनुवाद की हुई है। 'कुत्ते की तरह दौड़ना', 'चूल्हा फूँकना' आदि मुहाविरों के प्रयोग से हिन्दी की अटूट अस्मिता सिद्ध हो रही है। पूरी भाषा में हिन्दी की अपनी पहचान निहित है। उस समय आनुवादिक कला की यह खूबी बहुत कम लोगों के पास थी। यह वही समय है, जब आचार्य रामचन्द्र शुक्ल बँगला अनुवादों द्वारा हिन्दी के स्वरूप को नष्ट करने की बात कहते हैं। बंग महिला ने अपनी अनुवाद-कला द्वारा हिन्दी को विकसित होने की नई जमीन दी थी। हिन्दी-भाषा को शिल्प-संरचना के नए संस्कारों से जोड़ा था। उन्होंने सिद्ध किया कि भाषा अभिव्यक्ति का केवल माध्यम ही नहीं है बल्कि वह स्वयं एक कला है, जिसकी संरचना कोई दृष्टि प्रधान लेखक ही कर सकता है।

आचार्य रामचन्द्र शुक्ल ने पं. रूपनारायण पाण्डेय की अनुवाद-कला की बड़ी प्रशंसा की थी। उन्होंने उनकी बँगला-भाषा से अनूदित हिन्दी को आदर्श हिन्दी माना था। पता नहीं आचार्य रामचन्द्र शुक्ल ने आनुवादिक हिन्दी-संरचना में बंग महिला का नाम क्यों नहीं लिया ? श्री पाण्डेय की अनूदित हिन्दी का एक नमूना प्रस्तुत है। उन्होंने बँगला मासिक पत्रिका 'प्रवासी' में प्रकाशित चारु चन्द्र बनर्जी की कहानी—'एकाद मेहदिर पाता' का हिन्दी अनुवाद 'नवाब नन्दिनी' शीर्षक से किया है (सरस्वती, भाग 13, सं. 4, पृ. 214) तुलनार्थ उसका एक अंश देना अप्रासंगिक न होगा, 'यों सोचते-सोचते नवाबज़ादी, श्वेत कमल दल पर काले भौंरे के समान,

उस झरोखे की जाली में, अपने बड़े-बड़े अञ्जन-रञ्जित नेत्र स्थापित कर बाहर झाँक कर देखती थी कि सुगौर-सुन्दर सुकवि आवेश के साथ कविता पढ़ रहे हैं। कवि के स्वर की मधुरता और मुख-मण्डल की कोमल कान्ति, उज्ज्वलता और तेजस्विता को देखकर नवाबज़ादी का मन मचल जाता था।' आचार्य शुक्ल ने इस भाषा में रचना का उन्मेष, कथन की भंगिमा और भाषिक विदग्धता देखी थी जबकि रूपनारायण पाण्डेय ने इस अनुवाद में बँगला भाषा की अभिव्यक्तियों को ज्यों का त्यों रूपान्तरित किया है। आचार्य शुक्ल हिन्दी में नई संवाहक शक्ति प्रतिस्थापित करने के पक्षधर थे। वे हिन्दी के स्वरूप को युगीन चेतना के ढाँचे में ढालना चाहते थे, फिर उन्हें बंग महिला की हिन्दी युगीन मानक के रूप में क्यों नहीं दिखाई पड़ी ? बंग महिला की भाषा तमाम पारम्परिक मान्यताओं को चुनौती देने वाली है।

बंग महिला भाषा को जीवन की तात्कालिक के साथ दीर्घकालिक आवश्यकताओं से जोड़ने का कार्य कर रही थीं। भाषा में आनुप्रासिक क्रीड़ा करके अथवा शब्दों की सुसज्जित प्रदर्शनी लगाकर समय की बुनियादी जरूरतों को छोड़ देना उन्हें पसन्द नहीं था। उन्होंने हिन्दी भाषा को जन-समुदाय तक और जन-समुदाय को हिन्दी तक पहुँचाने का काम किया था। रोमानी क्षणों के चित्रण में भी उनकी भाषा अनावश्यक भावुकता के भार से दबने नहीं पाई है। 'दालिया' कहानी में एक रोमांटिक स्थिति देखी जा सकती है, जिसमें भाषा की बुनावट में स्थिति को बड़ी गहराई तक पहुँचा दिया है—दालिया भी वहीं उपस्थित था। अमीना ने देखा, वह बड़े ही कौतुक के साथ हँस रहा है। उसकी उस हँसी से अमीना मर्माहत होकर कहने लगी—'जानते हो दालिया ! मैं आज महारानी बनने जाती हूँ।'

दालिया ने हँसते-हँसते कहा—'बहुत देर के लिए तो नहीं न ?'

अमीना पीड़ित और विस्मित चित्त से सोचने लगी—'इस जंगली हिरन के संग आदमी का सा बर्ताव करना मेरी भूल है।' फिर भी अमीना से न रहा गया। दालिया को और भी सचेत करने के लिए वह यों कहने लगी—'दालिया क्या राजा को मारने के बाद मैं फिर लौट कर तुमसे मिल सकूँगी ?'

इसमें भाषा की सांकेतिकता और प्रेम-संवेदना की द्वन्द्वात्मक स्थिति व्यक्त करने की शक्ति भली भाँति देखी जा सकती है। अनुवाद की हुई भाषा की यह एक जीवन्त मिसाल है। भाषा द्वारा आदमी के अन्तर को पकड़ने में समर्थ इस भाषा की व्यापक स्वीकृति, जिस विस्तार तक होनी चाहिए थी, वह न हो पाई। कारण चाहे जो भी रहा हो।

बंग महिला अपनी कहानियों द्वारा देश की स्वाधीनता और भाषा की लड़ाई साथ-साथ लड़ रही थीं। इसके लिए उन्होंने सन्दर्भ के अनुकूल संस्कृत-शब्दावली, उर्दू शब्द-संगठन और आंचलिक संवेदनाओं से ध्वनित बोली का प्रयोग किया। हिन्दी में आंचलिक संवेदना की तीव्रता लाने में बंग महिला ने ही पहल की थी। बीसवीं

शताब्दी की शुरुआत में कोई भी कहानीकर यह साहस लेकर कहानी-लेखन के क्षेत्र में नहीं आ सका था।

उस समय जब भाषा-मंच पर हिन्दी, उर्दू और हिन्दुस्तानी का झगड़ा गुत्थियों में उलझा हुआ था तब हिन्दी कहानी में आंचलिक भाषा का प्रयोग किसी बलात्कृत घटना के ही समान था, परन्तु बंग महिला इसकी परवाह न करके कहानी के भाषा-ध्वज को आंचलिक क्षेत्रों तकले गईं। उन्होंने अपनी मौलिक कहानियों में आंचलिक भाषा को विशेष महत्त्व दिया। उनकी कहानियों के ऐसे नारी पात्र जो अपढ़ थे और शहरातू सन्दर्भों से किसी भी स्तर पर नहीं जुड़े थे, आंचलिक भाषा का प्रयोग करते हैं। उनकी बोलियों में खाँटी आंचलिकता विद्यमान है। इससे घटना क्रम की स्वाभाविकता तो बढ़ी ही है, साथ ही ग्रामीण-मानसिकता को समझने का मौका भी मिला है और साहित्य का जन से जुड़ने का उपक्रम भी हुआ है। उनकी प्रसिद्ध कहानी 'दुलाईवाली' में रेल का एक डब्बा है, शहरी और ग्रामीण भाषाओं का मिलन बिन्दु, यानी दोनों संस्कृतियों की यज्ञभूमि। यहाँ का एक भाषाई मंत्रोच्चार सुनने योग्य है—

उस कमरे (कम्पार्टमेण्ट) में तीन-चार प्रौढ़ा ग्रामीण स्त्रियाँ भी थीं। एक, जो उसके पास ही थी, कहने लगी—'अरे इनका मनई तो नाहीं अईलेन। हो, देख हो, रोवल करथईन।'

दूसरी—'अरे दुसर गाड़ी में बैठा होइ हैं।'

पहली—'दुर बौरही ! ई जनानी गाड़ी थोड़े है।'

दूसरी—'तऊ हो, भल तो कहू'' कह कर दूसरी भद्र महिला से पूछने लगी, ''कौन गाँव उतरबू बेटा ! मीरजैपुरा चढ़ी हऊ न ?' इसके जवाब में उसने जो कहा सो वह न सुन सकी। तब पहली बोली—'हट हम पुछिलान, हम कहा, कहाँ उतरबू हो ? ऑय इलाहाबास ?'

दूसरी—'इलाहाबास कौन गाँवहो गोइँयाँ ?''

पहली—'अरे नाही जनँलू ? पैयाग जी, जाहाँ मनई मकर नाहाए जाला।'

दूसरी—'भला पैयाग जी काहे न जानीव, ले, कहै के नाहीं, तोहरे पच के धरम से चार दाईं नहाए चुकी हँई। एसों तो सोमवारी, गहन, दका-दका लाग रहा। तउन तोहरे काशी जी नँहाय गइ रहे।'

भाषा की इसी आंचलिकता में ग्रामीण मानसिकता और ग्रामीण नारी की सहानुभूति की व्यापकता का चित्रण सम्भव था। गाँवों की धार्मिक आस्था और सांस्कृतिक मूल्यों के प्रति निर्बाध अभिरुचि का पता इन्हीं शब्द-संहतियों से लगाया जा सकता था। इसमें बंग महिला ने कहानी के पाठकों को जनभाषिक अनुभूतियों से अटूट रूप से जोड़ने का प्रयास किया। बंग महिला की यह आंचलिक भाषा वैचारिक आन्दोलन और भाषाई समझदारी दोनों के लिए जरूरी थी। बंग महिला ने आंचलिक भाषा की कल्पना करके तत्कालीन जीवन के एक बहुत उपेक्षित भाग की साहित्यिक

परिकल्पना की थी। इस आंचलिक भाषा में 'मनई', 'बौरही', 'गोइंयाँ' आदि ऐसे प्रयोग हैं, जिनकी सहायता से भाषा में ताजगी लाई जा सकी थी और साहित्यिक तात्कालिकता से कटे हुए विराट् जन-समुदाय को शब्दसूत्रों से बाँधा जा सका था। तद्‌युगीन परिस्थितियों में बंग महिला ने भाषा का आंचलिक प्रयोग करके बड़ा साहसिक और सराहनीय काम किया था। इस आंचलिक भाषा-प्रयोग द्वारा उन्होंने गाँवों में सुरक्षित सांस्कृतिक मूल्यों की ओर संकेत किया था। यहाँ एक-दो वाक्य देना सन्दर्भगत होगा—'अरे एक के एक करत न बाय तो दुनिया चलत कैसे बाय ?' —'अरे ओंका ई नाहीं चाहत रहा कि मेहराऊ के बैठा दिहलेन, अउर अपुआ तऊन टिकस लेइ के चल दिहलेन।'

बंग महिला की दूसरी कहानी 'कुम्भ में छोटी बहू' में मीरजापुरी अंचल की भाषा अपनी पूरी सांस्कृतिक चेतना के साथ उभरी हुई है। नीचे दिए हुए अंश में देखा जा सकता है कि इसमें आंचलिक लहजा, टोन, दबाव-उभार और पहाड़ी देहात की निश्छल मानसिकता बड़ी खूबी के साथ अभिव्यक्त हुई है। 'मीरजापुर के पास 'पंडरा' में पण्डित रामनारायण मिश्र वास करते हैं। जाड़े का मौसम है। सबेरे का वक्त है। घर की मालकिन आँगन में बैठी घाम ले रही है। भोलवा की माँ (मज़दूरनी) गाय की सानी में लग रही है।' पृष्ठभूमि में वातावरण सृजित करके कुम्भ नहाने की बात चलती है और भोलवा की माँ की ग्रामीण संवेदना का अकस्मात् प्रवेश होता है, 'का हो बहू, का सल्लाह होत बाय ? पयाग जी नहाए चलत जाब का ? हे भाईं हूँ के लियावत चल।' 'भोलवा की महतारी कुछ धीरे से घिघिया कर कहने लगी—'ए मोर बहू, अब मैं न चिलैइबों। तोहरे पच के गोड़ ले पड़त है। जाये लाग्यः तौ हमहूँ के लेत जाय।' इसमें भाषा का आंचलिक कैनवस विस्तृत करने के लिए लेखिका ने भी 'महतारी' और 'घिघियाना' जैसे देशज शब्दों का प्रयोग किया है। इस प्रकार हम देखते हैं कि बंग महिला ने जमाने का विस्तृत परिप्रेक्ष्य प्रस्तुत करने के लिए, समाज के निम्नवर्गीय चरित्रों को उभारने के लिए और भाषा की बुर्जुवावादी मनोवृत्ति को खण्डित करने के लिए भाषा में आंचलिक संवेदना को विशेष महत्त्व दिया। उस समय भाषागत अभिनवता के समर्थक कुछ लेखकों का मत यह अवश्य था कि हिन्दी की समृद्धि और स्वतंत्र सत्ता की स्थापना में आंचलिक भाषा की ही उपयोगिता है परन्तु संस्कृतज्ञ हिन्दी-लेखकों की आक्रामक मुद्रा से डरकर वे आंचलिक भाषा के प्रयोग का साहस नहीं कर पाते थे। इस बात का संकेत विद्यानाथ शर्मा ने अपने लेख 'हिन्दी की उच्च शिक्षा' में किया था। उन्होंने लिखा है—'इधर लेखक लोग जो कुछ संक्षेप में लिखते हैं, उसके लिए वे निरंकुश होकर मनमानी भाषा काम में लाते हैं और हम लोगों से कहते हैं कि जिसे आप हिन्दी कहते हैं, वह यही है, दूसरी नहीं। इसके विरुद्ध जो ठेठ हिन्दी का ठाठ जमाते हैं उनके विषय में पण्डितों का यह तिरस्कारपूर्ण मत हो जाता है कि लेखक ने संस्कृत

न जानने के कारण ही ऐसी भाषा लिखी है।' (सरस्वती, भाग 10, सं. 8, पृ. 300)

बंग महिला का समय संस्कृत-शब्दावलियों द्वारा भाषा की समृद्धि-खोज का युग था। इसलिए उन्होंने भी अपनी कहानियों में संस्कृत के तत्सम शब्दों का प्रयोग किया। उन्होंने कहीं-कहीं हिन्दी को काव्यात्मक रूप देने की भी कोशिश की। लेकिन इन सभी कोशिशों के होते हुए भी वे अतिवादी नहीं हुईं। उस समय अनेक लेखकों द्वारा भाषा की बोधगम्यता का सवाल उठाया गया था लेकिन बोधगम्यता के नाम पर हिन्दी-भाषा को सतही नहीं बनाया जा सकता था। बंग महिला संस्कृत-शब्दावलियों से खूब परिचित थीं और अपनी कहानियों में इनका भरपूर प्रयोग भी किया, लेकिन उनके सामने मौलिकता का प्रश्न सबसे अधिक महत्त्वपूर्ण था। वे हिन्दी को संस्कृत के बोझ में दबाना नहीं चाहती थीं। उनकी सारी कहानियों में कुछ ही ऐसे स्थल रहे, जहाँ संस्कृत के तत्सम शब्दों की बहुलता थी। उदाहरण के लिए 'चन्द्रदेव से मेरी बातें' का एक अंश देखा जा सकता है–'सम्भव है कि यहाँ आने से आपको अनेक लाभ भी हों। आप जो अनादि काल से निज उज्ज्वल वपु में कलंक की कालिमा लेपन करके कलंकी, शशांक, शशधर, शश लांछन आदि उपाधि मालाओं से भूषित हो रहे हैं। सिन्धु तनय होने पर भी जिस कालिमा को आप आज तक नहीं धो सके हैं, वही आजन्म कलंक शायद यहाँ के विज्ञानविद् पण्डितों की चेष्टा से छूट जाए।'

हालाँकि उपर्युक्त भाषाई विनियोजन में संस्कृत का प्रयोग अधिक है, फिर भी सांस्कृतिक मान्यताओं की रूढ़ि पर व्यंग्य करने की नीयत से भाषा रूखी नहीं होने पाई है। भाषा में शब्दों का वजन कहीं भी कम नहीं होता यदि उनके प्रयोज्य विधि का ठीक-ठीक ज्ञान हो। बंग महिला भाषा के प्रयोग-शिल्प पर एक अन्वेषक की तरह काम करने वाली थीं। उनकी भाषा प्रसंग की अर्थवत्ता से कभी नहीं कटने पाई। संस्कृत शब्दों की बहुलता में भी भाषा की तीव्र संवेदना बनाए रखने के प्रति जागरूक उनकी कहानी 'मुरला' (सरस्वती, भाग 9, सं. 2, पृ. 61, बँगला भाषा के कहानीकार नारायण दास सेन की कहानी का अनुवाद) का एक अंश देखने योग्य है, 'इस तर्क-वितर्क और सोच-विचार ने मन्मथ के मानस-मन्दिर में घोर युद्ध मचा दिया और अन्त में मन्मथ का सरल हृदय पिघल गया। सारा सोच-विचार प्रेम के सन्निकट पराजित हुआ। इस कारण मन्मथ फिर मुरला के शयनागार में अन्तिम विदा माँगने के लिए जा उपस्थित हुए।'

बंग महिला उर्दू मिश्रित हिन्दी भाषा के तत्कालीन शिल्प से खूब परिचित थीं। अपनी कहानियों में घटना सन्दर्भों और पात्रों की मानसिकता के अनुसार इन्होंने उर्दू भाषा का प्रयोग किया है। इसके पीछे इनकी रचना-दृष्टि कथ्य में यथार्थता लाने की रही। आगे चलकर प्रसंग और पात्र की स्थिति देखते हुए प्रेमचन्द भी अपनी भाषा में बदलाव करते रहे। हालाँकि बोलचाल के उर्दू शब्दों का प्रयोग बंग

महिला ने अपनी सारी कहानियों में किया है, चाहे कहानी किसी भी परिवेश की क्यों न रही हो। परन्तु बंग महिला ने यह सजगता हमेशा दिखलाई कि कहीं ऐसे पात्र की भाषा में उर्दू शब्दों का प्रयोग न हो जाए, जो उर्दू भाषा के माहौल से जरा भी वाकिफ न हो। इसलिए इनकी जो कहानियाँ उर्दू-परिवेश की नहीं रहीं, उनमें केवल ऐसी जगहों पर ही उर्दू शब्दों का प्रयोग हुआ है जहाँ कहानीकार को खुद कुछ कहना पड़ा है।

बंग महिला हिन्दी भाषा के स्वतंत्र अस्तित्व की लड़ाई लड़ती थीं। उनमें भाषाई उदारता थी। भाषा को नया रूप देने के लिए उर्दू-हिन्दी के संघर्ष को बेमानी मानती थीं। भाषा के सृजन में धर्मान्धता अथवा मजहबी कट्टरपन उन्हें पसन्द नहीं था। उनकी 'दालिया' कहानी उनकी इस भाषाई दृष्टि का साक्ष्य है। यह कहानी बादशाह शाहशुजा की लड़कियों की कहानी है—अमीना और जुलेखा की कहानी। इसलिए इसमें उर्दू के अलावा आमफहम फारसी के शब्दों का प्रयोग बहुतायत से हुआ है। लेकिन जहाँ कहानी लेखिका खुद बोलती है अथवा वातावरण का रंग उभारती है वहाँ की भाषा हिन्दी की शुद्धता लिये हुए है। आगे के उदाहरण में ये दोनों बातें साफ देखी जा सकती हैं, 'ग्रीष्म ऋतु में प्रातःकाल के परम रमणीय समय में एक छोटी सी नदी के तीर एक पेड़ की छाया में बैठकर जुलेखा अमीना से कह रही है—'खुदा ने जो हम दोनों बहनों की जाँ-बख़्शी की है यह फ़क़त वादिल के मारे जाने का बदला लेने के लिए है; नहीं तो इसकी और दूसरी कोई वजह नहीं दिखाई देता।'

बंग महिला की उर्दू शब्दावली देखने से मालूम होता है कि वे उर्दू अल्फाज की हैसियत ज्यों का त्यों बनाए रखना चाहती थीं। 'मेरी प्यारी बहन ! अब उन गुजश्तः बातों का ज़िक्र छोड़ो।' 'वादिल साहब सबसे ज़ियादह तुझी को प्यार करते थे।' और 'दालिया, तूने क्या किया ! नामाकूल, नाशाइस्तः कहीं का।' आदि वाक्यों में 'गुजश्तः', 'जियादह' और नाशाइस्तः आदि शब्दों का हिन्दीकरण करने के पक्ष में वे नहीं थीं। उसी प्रकार जहाँ कहीं उर्दू शब्दों के नीचे नुक्ते की जरूरत होती है वहाँ उन्होंने नुक़्ते का प्रयोग अवश्य किया है। द्विवेदी युग के प्रायः सभी लेखक उर्दू शब्दों के नीचे नुक़्ते बन्दी के कायल थे। स्वयं द्विवेदी जी उर्दू शब्दों की तत्समता बनाए रखने के पक्ष में थे। उदाहरण के लिए उनका हिन्दी वातावरण का एक वाक्य, 'कर्ज़ न अदा कर सकने पर उसने केवल पचीस रुपए और खाने कपड़े पर पुश्त दर पुश्त तक गुलामी करने का इक़रार किया था।' (गुलामी की प्रथा, सरस्वती, भाग 10, सं. 1, पृ. 3)। लेकिन यह नहीं कहा जा सकता कि उस समय हिन्दी में उर्दू-फारसी के शब्दों के बहिष्कार की बात नहीं चल रही थी। 'सरस्वती' के प्रसिद्ध लेखक विद्यानाथ शर्मा हिन्दी में विदेशी शब्दों के प्रयोग को अच्छा नहीं मानते थे। उन्होंने 'हिन्दी की उच्च शिक्षा' शीर्षक अपने लेख में लिखा है, 'जब तक हिन्दी

में साहित्य की भाषा नियत न होगी, अनावश्यक विदेशी शब्दों का प्रचार कम न किया जाएगा, मूल लेख और सच्ची कविता की रचना न होगी और ऊँचे दर्जे के ग्रन्थों की बहुतायत न होगी तब तक हिन्दी जैसे सौ वर्ष पहले दीन थी, वैसी ही सौ वर्ष आगे तक बनी रहेगी।' इसी लेख के अन्त में उन्होंने लिखा है, '(1) हम उर्दू अक्षरों के नीचे बिन्दी नहीं देते। (2) हम धर्म के बदले 'मज़हब' नहीं लिखते। (3) हम फ़ारसी के बदले हिन्दी में संस्कृत की कहावतें और वाक्य रखते हैं, पर 'इसलिए' के बदले 'सुतरां' नहीं लिखते।' (सरस्वती भाग 10, सं. 8, पृ. 371)।

उक्त लेख में विद्यानाथ शर्मा ने उर्दू अक्षरों के नीचे बिन्दी न लगाने की घोषणा की है, परन्तु युग की धारणाओं से वे मुक्त नहीं हो सके हैं और अपने इसी लेख में आने वाले उन सभी उर्दू शब्दों के नीचे उन्होंने नुक़्तों का प्रयोग किया है, जहाँ उनकी जरूरत थी। इसका खास कारण यह है कि उस समय उर्दू और फारसी शब्दों की तत्समता और उनके रूप की शुद्धता का जो अभियान 'सरस्वती' ने चलाया था वैसा किसी दूसरी पत्रिका ने नहीं चलाया। इसलिए 'सरस्वती' के सभी लेखकों ने उर्दू-फारसी शब्दों के असली रूप में जरा भी परिवर्तन नहीं किया। यहाँ तक कि उर्दू-फारसी शब्दों के पक्षधर राजा शिवप्रसाद ने भी फारसी शब्दों की मूल तत्समता पर इतना अधिक ध्यान नहीं दिया था। 'हम लोगों को जहाँ तक बन पड़े चुनने में उन शब्दों को लेना चाहिए जो आमफहम और खास पसन्द हों अर्थात् जिनको जियादा आदमी समझ सकते हैं।' में प्रयुक्त 'जियादा' और बंग महिला द्वारा प्रयुक्त 'ज़ियादह' में तत्समता की तुलना आसानी से की जा सकती है। फिर भी यह कहा जा सकता है कि बंग महिला उर्दू भाषा के प्रयोग से हिन्दी की स्वतंत्र सत्ता बिगाड़ने के पक्ष में नहीं थीं। वे उर्दू के ऐसे ही शब्दों का प्रयोग करती थीं, जो हिन्दी के साथ घुलमिल कर एक हो गए थे और जो हिन्दी के स्वरूप-निर्माण में सहायक सिद्ध होते थे।

## आधुनिकता की भाषा

यह एक मानी हुई बात है कि भाषा यथास्थितिवाद का शिकार कभी नहीं होती। चिन्तन और विचार कहीं किसी बिन्दु पर टिक भी सकते हैं, परन्तु भाषिक मनोवृत्ति हमेशा गतिशील होती है। कभी-कभी तो ऐसा भी देखने में आता है कि विचारों-व्यवहारों की जड़ता को जोड़ने के लिए भाषा ही आगे आती है। जहाँ आदमी असहाय होता है, वहाँ भाषा काम करती है, इसलिए एक युग की भाषा को दूसरे युग से हू-ब-हू मिलना न तो उचित है और न वांछित। इस दृष्टि से बंग महिला की भाषा से आज की भाषा का मिलान करना बहुत प्रासंगिक नहीं होगा। लेकिन यह सब कुछ होते हुए भी अगर आज की भाषा की जड़ और जमीन कहीं काफी

पीछे भी दिखलाई पड़े तो उसकी चर्चा की जानी चाहिए। भाषा के साथ ऐसा देखा गया है कि युग-सापेक्षता के साथ ही वह काफी आगे निकल गई होती है। इस सन्दर्भ में कबीर, घनानन्द और निराला आदि के नाम बिना हिचक लिये जा सकते हैं।

ऊपर जो बात कही गई है कि दो भिन्न-भिन्न काल-खण्डों की भाषा एक नहीं हो सकती, यह भाषा के बाहरी स्वरूप को ध्यान में रखकर ही कही गई है। भाषा का एक आन्तरिक पक्ष भी होता है। यह उसका आत्मिक पक्ष है और इसी में उसकी सामाजिक इयत्ता निहित होती है। अपने आभ्यन्तर रूप में भाषा बस भाषा होती है और इस अर्थ में उसको युग सापेक्षता की जंजीरों से बाँधा नहीं जा सकता। वह युग-युगों तक एक रहती है। भारी से भारी परिवर्तनों के खतरे उसके सिर पर से निकल जाते हैं, थोड़ा झुककर सब कुछ वह झेल ले जाती है और फिर मस्तक ऊँचा करके खड़ी हो जाती है। यदि यह बात न होती तो तुलसीदास की भाषा अथवा भारतेन्दु बाबू हरिश्चन्द्र की भाषा हिन्दी नहीं कही जाती और यदि हिन्दी कही भी जाती तो वह काम करने में समर्थ नहीं हो पाती, जो काम आज की भाषा कर रही है। लेकिन क्या यह बतलाया जा सकता है कि भारतेन्दु जी की भाषा ने कौन सा काम नहीं किया जो आज की भाषा कर रही है ? संरचना और प्रभाव की दृष्टि से निराला की भाषा आज की भाषा से बहुत कुछ मिलती-जुलती है। यह सारा काम भाषा का आन्तरिक पक्ष करता है।

किसी बात को बेबाक तौर पर अभिव्यक्त कर देने में भाषा का अन्दरूनी पक्ष ही काम करता है। जिस भी किसी युग के जिस भी किसी लेखक की भाषा में सांकेतिकता और सृजन की कला मिली रहती है, उसकी भाषा आज की भाषा से बहुत दूर नहीं होगी। आज की भाषा ने अभिव्यक्ति के कोण बदले हैं। वाक्यों में प्रयुक्त शब्द अपनी शाब्दिक इकाई में एक पूरे परिवेश का सन्दर्भ लेकर उपस्थित हुए हैं। शब्दों को बड़े से बड़ा सन्दर्भ दे देना ही भाषा का आत्मिक अन्वेषण कहलाता है। अभिव्यक्ति की लड़ाई में जिस भाषा की धार तीखी और चमकदार बनी रहती है वही आधुनिकता की भाषा बन पाती है। कोरी लफ्फाजी और शब्दों का अर्थहीन अम्बार लगाने से भाषा की चमक मारी जाती है। खुले हुए थोड़े से शब्दों द्वारा व्यंग्य और संकेत का वातावरण बना देना सबकी भाषा का काम नहीं हो पाता। जो रचनाकार भाषा के इस 'अस्मि' भाव को पहचानता है, उसकी भाषा समय के अन्तराल को पार करती हुई बहुत दिनों तक नई बनी रहती है। अपने युग में बंग महिला की भाषा इस पहचान में सबसे आगे थी और इसीलिए उनकी भाषाई संरचना आज की भाषा के साथ काफी हद तक मिलती-जुलती है। हम यह नहीं कहते कि बंग महिला की भाषा के चिर युवा बने रहने की क्षमता को लेकर जो बात यहाँ उठाई गई है, उसमें सभी लोग एकमत होंगे ही, लेकिन यह जरूर कह सकते हैं कि भाषा

के आत्म से साक्षात्कार करने वाले लोग यह स्वीकार करेंगे कि समर्थ रचनाकार की भाषा सुदूर भविष्य तक अपरिवर्तित और अपराजेय बनी रहती है। कहानी के क्षेत्र में बंग महिला सम्पूर्ण सामर्थ्य लेकर लिखने वाली रचनाकार थी। इसलिए उनकी भाषा आज की भाषा से बहुत नजदीक है। यह बात कुछ सन्दर्भों और उदाहरणों को लेकर साफ की जा सकती है।

कहानी के क्षेत्र में प्रेमचन्द भाषा को अभिनव मोड़ देने वाले माने जाते हैं। सम्प्रेषणशील भाषा में कथन की सांकेतिकता इनकी कहानियों की खास विशेषता है। भाषा के रूप-विधान और व्यंजनात्मक अभिव्यक्ति में तथा पात्र और कथ्य के अनुकूल भाषाई संरचना में प्रेमचन्द बेजोड़ माने जाते हैं। अपनी आखिरी कहानी 'कफन' में प्रेमचन्द ने भाषा का स्वरूप और अधिक निखारा है। यह कहानी सन् 1936 में लिखी गई है। इस कहानी की भाषिक संवेदना के समानान्तर बंग महिला की एक कहानी 'मुरला', जो सन् 1908 में लिखी गई है, की भाषागत संवेदना को रखकर यह बात देखी जा सकती है कि बंग महिला की भाषा कितनी आधुनिक है।

'जमींदार साहब दयालु थे। मगर घीसू पर दया करना काले कम्बल पर रंग चढ़ाना है। जी में आया, कह दें, चल, दूर हो यहाँ से। यों तो बुलाने से भी नहीं आता, आज जब गरज पड़ी तो आकर खुशामद कर रहा है। हरामखोर कहीं का, बदमाश। लेकिन यह क्रोध या दण्ड का अवसर न था। जी में कुढ़ते हुए दो रुपए निकाल कर फेंक दिए। मगर सान्त्वना का एक शब्द भी मुँह से न निकला। उसकी तरफ ताका भी नहीं। जैसे सिर का बोझ उतारा हो।' (कफन)

'एक तलैया के किनारे बामा दासी बासन माँज रही थी। बामा का मुँह फूल कर कुप्पा हो रहा था। बर्तनों को वह इतने जोर से दबा रही थी, कि बेचारे निर्जीव बासन टूटने पर ही थे। इतने में मिश्रानी जी नहाने के लिए वहाँ आ पहुँचीं। मिश्रानी जी झटपट बामा के पास आकर पूछने लगीं, 'क्यों बामा, क्या हुआ' ? इस पर और ज़ोर से बासनों को रगड़ती हुई बामा कहने लगी, 'मैं पहले से ही जानती थी कि बड़े घरों में नौकरी करने से यही दशा होती है। मैं तो गरीब हूँ, सब कुछ सहन कर लूँगी। पर ईश्वर सहन करने वाला नहीं है।' अब तो मिश्रानी के पेट में चुहियाँ कूदने लगीं। उन्होंने चाहा कि असली बात को बामा के पेट में सँडसी डालकर निकाल लूँ।'

—(मुरला, सरस्वती, भाग 9, सं. 2, पृ. 59)

उपर्युक्त दोनों अंशों में भाषा की रचना, अर्थवत्ता से जोड़ने वाले सन्दर्भित शब्दों की संयोजना, मन के द्वन्द्व को उभारने की क्षमता और आनुभूतिक तीव्रता बढ़ाने में भाषागत शिल्प की तुलना आसानी से की जा सकती है। बंग महिला की भाषा प्रेमचन्द की भाषा से जरा भी पीछे नहीं है।

प्रेमचन्द के परवर्ती कहानीकार जैनेन्द्र की कहानियों में एक चिन्तक और

दार्शनिक व्यक्तित्व की अभिव्यक्ति हुई है। भाषा की दृष्टि से इन्होंने हिन्दी-कहानियों में एक और बदलाव करने का प्रयत्न किया है। ये भाषा को मन की गहराई तक पहुँचाने और उसके द्वारा चारित्रिक मनोविज्ञान की अभिव्यंजना करने में लगे रहे। प्रेमचन्द के कहानी-जीवन (जीवन भी) के अन्त से इन्होंने अपनी कहानी-जीवन की शुरुआत की है। बंग महिला के सन्दर्भ में जैनेन्द्र की भाषा-कला को भी परखा जा सकता है और रचनाशीलता के स्तर पर मिलान करके देखा जा सकता है कि बंग महिला की भाषा कितनी आधुनिक है। जैनेन्द्र की कहानी 'जाह्नवी' का एक अंश–'मुझे ब्रजनन्दन पर आश्चर्य आकर भी आश्चर्य नहीं होता। उसने दृढ़ता के साथ कह दिया कि मैं शादी नहीं करूँगा। लेकिन उसने मुझसे अकेले में यह भी कहा कि चाचा जी, मैं और विवाह करूँगा ही नहीं, करूँगा तो उसी से करूँगा। उस पत्र को वह अपने से अलहदा नहीं करता है। और मैं देखता हूँ कि उस ब्रजनन्दन का ठाठ-बाट आप ही कम होता जा रहा है। पहले विजेता बनना चाहता था, अब विनयावनत दीखता है और आवश्यकता से अधिक बात नहीं करता। एक बार प्रदर्शनी में मिल गया। मैं तो देखकर हैरत में रह गया। ब्रजनन्दन एकाएक पहचाना भी न जाता था।'

बंग महिला की कहानी 'कुम्भ में छोटी बहू' का एक अंश–'सास देवता मन ही मन अचकचा कर कहने लगीं–'अरे आज बहू को कहाँ से इतनी भक्ति उमड़ पड़ी ! आज पूरब से पश्चिम में तो सूरज नहीं उदय हुआ ? और दिन तो बुलाने पर भी नहीं आती थी, उलटा बहाना करके चली जाती थी। आज क्या है ? चलो, अच्छी बात है। वे बोलीं, 'हाँ बेटा, आओ, तुम लोगों को तो फुर्सत ही नहीं मिलती।' कह कर वे पाँव पसार कर बैठ गईं। छोटी बहू हलके हाथों उबटन लगाने लगी।'

इन दोनों खण्डों में दो विरोधी क्षणों की मानसिकता का मनोवैज्ञानिक चित्र प्रस्तुत किया गया है, ब्रजनन्दन के भावुक जीवन के क्षण--विवाह करने की आशा के क्षण और विपरीतगामी परिस्थितियों के कारण निराशा के क्षण। उसी प्रकार छोटी बहू के मतलब के क्षण और मतलब के पहले की स्वार्थहीनता के क्षण। इन दोनों विरोधी मनःस्थितियों की सांकेतिकता और उसकी तीव्रानुभूति जितनी अधिक बंग महिला की भाषा करा पा रही है, उतनी जैनेन्द्र की भाषा नहीं करा पा रही है। भाषा के रचाव के कारण ही 'सास-देवता' और 'छोटी बहू' दोनों के असली-नकली चेहरे प्रतिबिम्बित हो पा रहे हैं। इससे साफ लगता है कि बंग महिला भाषाई कारीगरी में आज के कहानीकारों से पीछे नहीं हैं। उनकी सभी की सभी कहानियों के अधिकांश स्थलों की भाषा इसी प्रकार की है। बंग महिला की भाषागत आधुनिकता की बात और अधिक साफ करने के लिए जैनेन्द्र और यशपाल से आगे चलकर मोहन राकेश, राजेन्द्र यादव, कमलेश्वर और धर्मवीर भारती तक की बात की जा सकती है। इस अन्तर के साथ कि छठे दशक के कहानीकारों की कहानियों की भाषा शुरू से आखिर

तक भाषिक स्तर पर रची-बुनी हुई है, जबकि बंग महिला की कहानियों के कुछ स्थल अपने समय की भाषा के साथ-साथ चलते हुए दिखाई पड़ते हैं। पहले दशक की कहानियों में अगर एक-दो अंश भी ऐसे पाए जा रहे हों, जिनकी भाषिक संवेदना आज की कहानियों के समानान्तर खड़ी हो सकती है, तो यही कम महत्त्वपूर्ण बात नहीं है। भाषा की इस समान्तरता के लिए धर्मवीर भारती की कहानी 'गुलकी बन्नो' और बंग महिला की कहानी 'दालिया' से एक-एक ऐसा अंश लेना असमीचीन न होगा, जिसमें बिछुड़ने के क्षण की एक मार्मिक संवेदना निहित हो। इन दोनों में भाषा का कमाल साफ देखा जा सकता है।

'और उन्होंने टीका करके आँचल के नीचे छिपाए हुए कुछ कपड़े और एक नारियल उसकी गोद में डालकर उसे चिपका लिया। गुलकी जो अभी तक पत्थर सी चुप थी, सहसा फूट पड़ी। उसे पहली बार लगा जैसे वह मायके से जा रही है। मायके से अपनी माँ को छोड़कर, छोटे-छोटे भाई-बहनों को छोड़कर और वह अपने कर्कश फटे हुए गले से विचित्र स्वर से रो पड़ी।' (गुलकी बन्नो)

'अमीना रोती हुई मंछुवे का हाथ पकड़कर कहने लगी, 'बूढ़े बाबा ! मैं तो जाती हूँ। तिन्नी के न रहने से तेरा घर अब कौन सम्हालेगा !' मछुवे ने बालकों की भाँति रोना शुरू कर दिया। अमीना बोली—'बाबा, अगर दालिया आए तो यह अँगूठी उसे दे देना और कहना अमीना जाते वक्त तुझे दे गई है।' (दालिया)

हम यह नहीं कहना चाहते कि बंग महिला की भाषा छठे और सातवें दशक के कहानीकारों की भाषा की तरह सामाजिक सम्बन्धों की व्यापक गहराई तक पहुँची हुई थी और आज की व्यंग्य भंगिमा तथा बातों को बेलौस कहने के लहजे उनकी भाषा में आज ही के पैमाने पर पाए जाते हैं, परन्तु यह जरूर कहना चाहते हैं कि बंग महिला भाषा की आत्मा से साक्षात्कार करने में बहुत हद तक सफल रही हैं। इसी कारण उनकी भाषा का भीतरी पक्ष बाहरी पक्ष से कहीं अधिक सार्थक और शक्तिमान है। उन्होंने अपनी कहानियों के 'स्व' को भाषाई अनुदर्शन द्वारा ही उजागर किया है। उनकी लेखकीय संचेतना का सबसे मजबूत पहलू है—उनकी भाषा-धर्मिता। कहने का अर्थ यह है कि बंग महिला की भाषा में युग की सीमित नियति से निकलने की छटपटाहट है। उनकी भाषा सन्तरणशील है और उसमें सम्भावनाओं की अनन्तता भरी हुई है। भाषा का यह गुण उस समय के किसी भी दूसरे कहानीकार में नहीं था। बंग महिला ने भाषा को अभिजात्य से नापने का काम नहीं किया। इसलिए वे अभिव्यक्ति की छद्मता से बची रह गईं जबकि दूसरे कितने कहानीकार इसके शिकार हो गए। उनकी भाषा अपने समय की सही भाषा है लेकिन निरन्तर विकास की बहुत सारी सम्भावनाओं को लिये हुए और अपने सुदूर भविष्य के रास्ते बिना थके चलते हुए।

बंग महिला की भाषिक आधुनिकता के प्रमाण में हम उद्धरणों, उदाहरणों

अथवा तुलनाओं की कवायद नहीं करना चाहते क्योंकि उनकी भाषा में बदलाव की प्रामाणिकता की खोज आसानी से की जा सकती है, फिर भी हम उनकी कहानियों के कुछ अंश देकर यह जरूर दिखाना चाहते हैं कि उनकी भाषा जीवनानुभवों से किस स्तर पर जुड़ी हुई है और किस प्रकार कहानी के कथ्य का अविभाज्य अंग बन कर सन्दर्भों को ध्वन्यात्मकता प्रदान करती है। प्रेमानुभूति के संवेदनशील अंग को तीव्रगति से उद्वेलित कर देने वाली भाषा का एक नमूना देना उबाऊ न होगा—'तिन्नी इन दोनों का शोरगुल सुनकर बाहर निकल आई। जुलेखा का क्रोध से भरा चेहरा और युवा की अचकचाई हुई सूरत देखकर अमीना क़हक़हा मारकर हँसने लगी, 'बहन ! तुम इसकी बातों से ख़फा न हो। यह आदमी नहीं है। इसे एक जंगली जानवर समझो। अगर आपसे इसने बेअदबी की हो तो मैं इसे अभी सजा देती हूँ।' '...

इस बात पर जुलेखा की हँसी रोके न रुकी। वह कहने लगी—'सच बता अमीना, तू जो कहती थी कि मुझे यह दुनिया प्यारी लगती है, उस बात से इस जंगली का तो कुछ ताल्लुक़ नहीं है।'

इस अंश में भाषा की ध्वनि बेहद तादात्म्यकारी है। प्रेम की जितनी झीनी परन्तु प्रभावी अभिव्यक्ति इसमें की गई है वह पैंसठोत्तरी प्रेम-कहानियों की भाषा से ज़रा भी पीछे नहीं लगती। भाषा की ताजगी को लेकर बंग महिला की कहानियों में ऐसे अनेक बोध-चित्र पाए जा सकते हैं।

देखा जा सकता है कि बंग महिला भाषा की रचनात्मक सत्ता से भली भाँति परिचित थीं। भाषिक सत्ता को ध्वनित करने के लिए उन्होंने अनेक लेखकीय प्रयोग किए। यह प्रयोग मौलिक लेखन और अनुवाद-कर्म दोनों धरातलों पर किए गए।

●●●